心理學如何幫助了我

享受美好人生的八堂生活課

劉軒 XUAN LIU

: contents

part2

chapter4 讓自己被愛看見

part3

前言

八歲時，我跟著父母移民到美國。當時我半句英文都不會，學校也沒有提供 ESL 課程[1]。第一天上學前，父親臨陣教我，如果有人問我問題，聽不懂就跟他說：「I don't know ！」好死不死，老師當著全班面前問我叫什麼名字。我聽不懂，只好回答：「I don't know ！」從此之後，我在那個學校的名字就是「I don't know」。

剛到美國的那段日子，真是度日如年啊！父母都上班，放學後陪伴我的只有一樣不會說英文的奶奶，還有我的電腦。

那是一台很陽春的第一代個人電腦，是我天天拿著銅板到附近的遊戲店，攢了很久的彩票，忍著沒換成零食、玩具，終於有一天換到的大獎。這台電腦有整整 40K 的記憶體（是 40K，不是 40M 喔！現在隨便一封 e-mail 都不只 40K），沒有儲存功能（其實有但我買不起），只要一關機就全部歸零。也沒有遊戲，

1　為英語非母語的學生所開設的課程，ESL 為 English as a Second Language 的簡稱。

只有隨機附贈的 BASIC 程式語言。

但電腦陪我度過了那段最生澀、最寂寞的異鄉童年。我把寫程式當成玩耍，天天研究功能。那些 BASIC 的程式語言「If… Then…」成為我最常使用的英文單字。每天關機前，我還得用鉛筆把程式抄下來，隔天開機再輸入一遍。現在回想，還真佩服當年那股傻勁兒。這位寂寞的八歲男孩，跟他那台只有 40K 記憶體的電腦，後來還因為寫出「類 AI 模擬對話程式」，而在紐約市科學比賽得到第三名。

從那時走到現在，我依舊是個對電腦和各種新科技毫不畏懼的人。而且到現在，我最不喜歡說，也最不喜歡聽到的句子，就是「I don't know」。

回顧童年那段日子，對我來說何嘗不是種訓練？訓練我專注、面對寂寞的能力。況且，寫程式需要冷靜，因為第一次運行，一定會被沒料到的錯誤、計畫不周全的 BUG 卡住。但生氣或懊惱都沒有用，情緒不會讓程式變好變快，你只能根據錯誤碼，回頭找出錯的地方，修正後再跑一次，這就是一種修練。

長大後的我，面對事情出了錯，就當成是遇到一個 BUG。儘管再急再氣，問題還是要解決。我告訴自己：過生活跟寫程式一樣，一開始一定會碰到各種錯誤碼，但只要有耐心解決，我就不信跑不順。

這個信念，讓我後來在念心理系的時候，特別關注「優化生活效率」的各種研究，這是在我八歲時就種下的種子。

後來，我進了哈佛大學，和來自世界各地的天才、奇才、鬼才共聚一堂。在這間比美國建國史還悠久的老學校裡，我看到了最傳統和最先進的思想天天撞擊，創造各種可能性，可以說是一個海闊天空的知識樂園。

我特別用「樂園」這個詞，是因為我發現那些在學校裡混得最好的同學，就是懂得把學校當成「樂園」而非「殿堂」的人。例如我很欣賞的一個朋友Joe，他不僅代表學校參加田徑隊、在舞會當DJ、在慈善機構做志工，還主導兩個學生會社團。這些人往往不是班上前幾名，也不是科科都滿分的天才，但他們才是真正的風雲人物。

我也發現，這些風雲人物有兩個特點：他們都很會利用時間，而且也很少抱怨生活。有別於很多學生總把自己苦讀的黑眼圈當成勳章，以為蠟燭兩頭燒代表他們很拚命，像Joe這類的同學雖然行程滿檔，但你永遠不會覺得他們被自己的行程綁住，或是把分身乏術當成炫耀的籌碼。

我曾問過Joe：「你怎麼能在一天裡做這麼多事情，你一定很早起吧！」

Joe不置可否，他跟我說：「兄弟，其實最難的不是早起，而是早睡！」

他再補充：「晚上當別人正要去 Party 時，你必須告訴自己，不行！我要早睡。你的心態不是我得去睡，而是我要去睡！我們不是小孩子了，沒有人能跟我們說，嘿！你得如何如何。你既然能說服自己去做一件事，那就告訴自己，你要做，不是你得做。」

這句話真是一語驚醒夢中人啊！雖然我現在還無法完全達到他所說的境界，但我經常用這句話提醒自己：年紀大了，沒有什麼事是非得做的，只有要不要做而已。

這是我從 18 歲的 Joe 身上，學來的一課。

時間過得很快，一轉眼，我已經大學畢業 20 幾年，回到亞洲定居，而且有兩個小孩了。

人們經常說，孩子是最好的導師，我完全同意。不是說小孩可以教你什麼，而是在照顧他們的過程中，能讓我們反觀並檢討自己。為了兼顧家庭與工作，我開始尋找更有效率的生活方式。為了應付各種突發狀況，我得更加訓練自己的 EQ。喔！不是「我得」，而是「我要」。

我問自己，我能夠教孩子什麼？科技？生活技能？還是書本裡的知識？未來的世界將會變得愈來愈快，資訊密度愈來愈高，人工智慧將會顛覆各種商業模式，這是我們孩子將繼承的世界，也是我們有生之年將面對的課題。

但不變的是，人們還是需要與彼此相處，還是有七情六欲，還是會拿不定主意，在情緒與理智間拔河。我們還是會出錯，還是要學習，仍舊追求夢想，也會一輩子尋找生活的意義。

人體是個機器，一個不完美的機器。每個機器都有極限，也有最優化的使用方式，這包括了我們如何照顧自己的身心。我想，結合心理學與不同領域的知識，除了能讓我們過更有效率的生活，也是一種基本的生活須知。我不一定能預測環境的變化，但我起碼能提升自己的適應能力，讓自己更穩定、更有效能，這也是我最初規劃這本書的動機。

我的目標是，把目前心理學研究出的理論，轉化為能夠實行的生活方針，傳遞給更多人。就像童年學識字一樣，無論以後有多少書本堆在眼前，只要讀得懂，就不必害怕。

8 歲的我，學會了忍耐情緒和解決問題；18 歲的 Joe，提醒我主導權始終在自己手裡；38 歲的我，更從孩子身上，學習到不要害怕改變，只要懂得適時調整自己。在做了所有的研究之後，我更深信：即使活到 88 歲，人還是可以改變，而且改變的幅度，遠遠超乎你的想像。

這就是我的初衷與真心。無論你幾歲，希望這本書的內容都能幫助你，讓你變得更好，活得更精采。

note

part 1

Chapter1

一切盡在不言中

心理學教我的客觀閱人術

溝通中最重要的事，就是聆聽到未說出口的那些話。

——— 彼得．杜拉克（Peter F. Drucker）

2009 年，有本書橫掃三大連鎖通路，成為暢銷書排行榜冠軍，叫做《FBI 教你讀心術：看穿肢體動作的真實訊息》，說不定你曾經看過。當時許多人以為買了這本書，就能學會 FBI 情報員的絕活，讓自己成為人體測謊器。但在分析解構了許多肢體和非語言行為的含義後，作者竟然寫道：「從 1990 年代開始的反覆研究顯示，大多數的人，包括法官、律師、臨床醫生、警察、FBI 探員、政治人物、教師、母親、父親與配偶，在偵測說謊這件事上只能靠運氣，機率一半一半。大多數的人，包括專業人士，要正確察覺到不誠實的行為，表現並不會比丟銅板更好。」[1]

什麼？讀者看到這裡，可能覺得自己被耍了！

不過，我倒是很欽佩作者能展現這種職業道德。他藉由這些忠告，在書裡不斷提醒讀者，不能光憑一些表面技巧就隨便對人下判斷，畢竟如果你隨便指控某人是騙子，這可是會得罪

---

1 喬．納瓦羅（Joe Navarro）、馬文．卡林斯（Marvin Karlins），《FBI 教你讀心術：看穿肢體動作的真實訊息》（*What Every Body is Saying: An Ex-FBI Agent's Guide to Speed-Reading People*），第 226 頁。

對方一輩子的。

許多人對心理學也有一樣的誤解，覺得我們都像美劇《謊言終結者》裡的偵探。即使到現在，還是有人會對我說：「哇，你學心理的喔？好厲害，那你一定很會洞察人心吧！」

如果對方看起來能開個玩笑的話，我就會壓低聲音，用很戲劇化的表情說：「是的，但基於職業道德，我從來不會隨便說出別人的祕密……所以，你大可放心！」我雖然是在開玩笑，但一定演得不夠誇張，因為還真有不少人相信，從此都對我戰戰兢兢的。

心理學有個叫「透明度錯覺」（illusion of transparency）的名詞，形容的就是這個現象。我們會覺得自己所做的一切都會被人注意到，所以說謊的人往往會擔心別人早就看穿他們，只是沒說而已。這倒是給了 FBI 探員和心理醫生一個莫名其妙的優勢，以為他們能看穿別人的心，所以聊著聊著，自己就把心裡的話給招出來了！

雖然心理學沒有辦法讓我看穿你的心，但這門學問給了我一套知識基礎，讓我在與人互動時更有自覺，更善於跳脫自己的預設立場和標籤思維。我不一定比別人更會識破謊言，但我會判斷互動氣氛中的細節。我未必能直接分析出一個人的真實動機，但我能快速推測不同的可能性，因此在溝通中可以維持比較靈活的應對。

運用這套理論對我最大的幫助，就是讓我更善解人意，更容易產生同理心，更提升自己的EQ。我知道每個人在社交時都會戴上面具，都需要展現保護色，多少會有些表裡不一。但我認為互動的重點不是去揭穿他人，而是在這個人與人互動的社交舞中，跳出符合自己所期待的舞步。

在這一章，我將與你分享這套基礎系統。

你是高敏人，還是低敏人？

在日常語言表達中，每個人都會展現不同的「人際敏感度」（interpersonal sensitivity），也就是我們對於生活中與人互動的細節、小動作、語調或是用詞的觀察敏銳程度。有些人天生敏感度低，所以可能會表現得有些自我，甚至是「白目」。有些人敏感度很高，對於每一個小細節都會想很多。敏感度太低或太高都不好，過高的人際敏感度，反而會讓你陷入憂鬱苦惱中。

無論你是高敏人還是低敏人，好消息是，察言觀色是能夠被訓練的。我們要追求的就是一種適當的人際敏感度，能夠透過肢體語言、臉部表情、聲調和用語，解讀出表面上沒有說出口的感受，但同時也不會陷入過度猜測，或是讓太多雜訊對我們產生壓力。

在我們正式進入實際的技巧與方法論前，你必須真心接受兩大概念：第一，你必須謹慎的敞開心胸，真的渴望理解別人，也別害怕糾正自己，要接受自己不可能永遠是對的。第二，當你要閱讀別人時，必須保有「假設」的態度。閱讀別人頂多是一種猜測，不一定真實，所以大可委婉模糊一點，絕對好過斬釘截鐵的強勢論斷。而且，當我們認識一個人的時候，寧可假設他說的都是真的，不要因為忙著猜測，而沒有好好觀察和溝通。即使你想知道對方是否在說謊，也必須先假定對方說的全是真的，然後再問自己：這樣合理嗎？這就是溝通心理學的經典原則「米勒法則」（Miller's Law）[2]。

步由心生的原理

其實，我們天生就有很強的觀察能力，尤其是當我們能夠很自在的「窺視」對方時。少了當下互動的壓力，我們就能觀察得更細微。研究告訴我們，第一印象只要花六秒鐘就能形成，而這些來自於各個感官的綜合訊息，遠超過我們以言語來形容的

2　米勒法則是普林斯頓大學心理系教授喬治．米勒（George Miller）所提出的溝通原則：「要理解一個人所說的話，你必須假設他所說的都是真的，然後再設法去想像他的話真在哪裡。」這並不表示要全盤接受對方的話，而是先抑制自己的主觀意識，試圖去理解對方的思考邏輯。

速度。所以我們對人事物往往都會有一種「說不上來」的直覺，但說不上來，並不表示無跡可循。

以前在波士頓，我和同學最喜歡坐在戶外的咖啡廳，看著來來往往的路人，猜想他們是什麼個性、在想什麼事情、要去哪裡做什麼等等。我們這群同學都有很豐富的觀察和想像力，而且嘴巴真的有夠賤。

「那傢伙穿得很 bling 喔！八成是第一次約會，可惜品味太俗，今晚應該不會成功吧？」

「你看她走路一拐一拐，高跟鞋一定是剛買的，還會磨腳。應該要去面試吧？這樣不行喔，一看就涉世未深。」

「哇靠！那個阿婆妝化那麼濃，是想嚇死誰啊？」

這些路人應該不知道我們在對他們評頭論足，不然一定很想衝過來揍人。

這個觀察路人的行為固然是半觀察、半瞎扯，但光是隔街看人，還是有不少訊號，能讓我們在短短六秒內做出各種假想判斷，而且彼此都滿有共識的，這不是很奇妙嗎？

一個人的穿著，就是第一線的訊號，讓我們看出社會地位、職業身分等各種暗示，而這些訊號會深刻又不理性的影響我們的直覺。曾經有實驗發現，當一個西裝筆挺的行人闖紅燈過馬路的時候，其他行人跟著一起闖紅燈的機率，是一般狀況的三倍。還有研究發現，當醫生跟病人說話的時候，脖子上掛了一個聽診器，病人會更容易記住醫生所說的話，即便他完全沒有用到這個聽診器。衣服的確會影響人的觀感，而且在潛意識影響人的行為。

所以有句話說：「不要穿得像現在的自己，要穿得像你希望成為的自己。」這確實有道理，因為既然穿著會影響別人如何對待你，那你就應該按照自己希望被對待的方式來穿衣服。

再來，一個人走路的樣子，好比是身體的表情，訊號相當豐富。我們開心的時候會手舞足蹈，緊張的時候會不自覺抖腳。自從我們的祖先立足在地面上，雙腳就是用來追逐和逃命的，功能很原始，所以反應也很原始。

從小到大，我們學會如何控制自己的臉部表情，但下半身動作卻較少刻意修飾，也確實較難修飾。我時常建議剛踏入社會的年輕人：如果要加強自信，就先從練習走路開始！不要駝背，讓腳有精神一點。這個形容很抽象，但你一定懂我的意思。不要走得太快，因為一個人走路快，除了看起來很著急，也很容易給人社會地位較低的聯想。所以你看那些國家領袖和大老闆，走路一定是不疾不徐的。但是，走路太慢也不好。心事重重、壓力大的人往往步伐沉重，走起路來拖泥帶水，地心引力的作用好像特別大。相較來說，開心的人則是步履輕快，走路就像在跳舞似的。大家都說「相由心生」，但我們或許也能說「步由心生」吧！

至於「肢體協調感」，也是一個從遠距離就能觀察到，而且很難造假的肢體訊號。美國警方曾做過研究，發現許多搶匪和變態暴力罪犯，會直覺去挑那些手腳看起來不太協調的人下手，可見這是多麼關鍵的特徵。所以在此建議大家：出國旅行的時候，一定要穿上舒服的鞋子和輕便的衣著，讓你看起來手腳敏捷，而且要保持充滿精神、活力的樣子，才比較不容易被歹徒當成獵物！

留意每個人的溝通溫度計

不少科學家認為，表情的用途，純粹是為了給別人看，而不是給自己看的。當我們獨處時，臉部通常不太會有什麼表情，不過，一旦身邊有人開始跟我們互動，我們的表情就會馬上豐富起來。

每個人都一樣，只要跟人有所互動，即便只是眼神交會，也會不自覺產生一連串的非語言訊號。所以遠端觀察是一回事，只有開始跟對方產生互動，這些訊號才會落實為更明確的印象。

想像有一天你走在路上，看到一位身穿套裝的漂亮女生，忽然發現她是你許久不見的大學同學。這時，她也剛好看見了你，露出驚喜的表情。

久未見面，忽然巧遇，這時要給她一個擁抱？跟她握手？還是揮個手，點頭致意就好？你的大腦開始快速計算，根據你們之前的交情，對她的好感程度，身邊是否有其他人，以及她當下的肢體動作等等。這些都要在幾秒內發生，好讓你在走向彼此的時候，及時做出恰當的互動。

誰說我們不會閱人？我們都是天生的肢體計算機啊！

如果今天不是你，你只是一個旁觀者，看著兩個老友見到彼此的互動，也可以從兩人擁抱時手肘張開的寬度，來判斷他們的交情。雙方感情愈好，擁抱時手肘張開的幅度愈大，抱得愈緊。不那麼熟的話，手肘會比較貼近自己的身體，抱得比較輕。如果要裝熟但其實不那麼熟的話，你就會發現兩人會稍微往前傾，上半身雖然有接觸，下半身卻維持一個距離，光是想像這種場面，都會覺得尷尬。

所以，平常的你，應該已經學會觀察和適當的反應，畢竟多年的社交經驗，已經讓我們內化許多規矩。但或許正是因為這些互動屬於體感層面，不太需要思考，所以許多人喜歡靠直覺判斷。這時候，如果你懂得留意某些細節，你在當下也許會有更客觀的認知。

當我在與別人互動時，我會留意身體和頭的傾斜度，因為我知道，當兩人互有好感，交談時身軀會傾向彼此，形成一個對稱的構圖。如果兩人的肢體構圖明顯不對稱，可能表示溝通也不對稱。我們都會靠近喜歡的對象，遠離討厭的對象，這是人的本能。所以無論今天是開會或聚會，我都會特別留意：這個人是否在肢體語言上開始疏遠？開始靠近？雙手抱胸，往後傾斜，是因為冷氣太強？還是因為剛才某一句話冒犯了他？以我的個人經驗來說，這種肢體傾斜度所反映的心理狀態，比看一個人的表情還來得更準。

請不要覺得我是刻意拉攏關係，或刻意討好對方，不是這個意思！看到對方疏遠，並不表示我會見風轉舵，說些好話搏君一笑，但把這個基本觀察當成「溝通溫度計」，能讓我注意到可能出現的溝通問題，也能更理性的分析，說不定還能即時化解誤會。這個「身軀傾斜度觀察」真的不難，只要稍微留意一下，就會發現這些訊號隨時存在，兩人的身軀傾斜互動，就像鐘擺一樣明顯！

我會說兩種語言：「英語」和「肢體」。

——— 梅・蕙絲（Mae West）

訓練與生俱來的自覺度

懂得基本肢體觀察後，我們更需要鍛鍊的，就是檢視自己。我們應該如何在與人互動時，不被自己的情緒過度干擾？要如何用謹慎又開放的方式接受別人，但不讓主觀意識影響我們的判斷力而先入為主呢？

這就要靠「自覺」（self-awareness）。

自覺是一種反省的能力，能讓我們回頭檢視自己的直覺、反思自己的情緒反應，甚至反駁自己的主觀意識。自覺的能力也幫助我們保持理性，找出合適的方法與他人互動，不會因為一時的情緒，就讓偏見成為結論，進而誤解了別人的想法與態度。

聽起來很複雜，是吧？但其實我們每天都在運用這個能力。

讓我們倒帶一下，閉上眼睛，想像自己回到剛才巧遇同學的那個十字路口。這時，想像自己成為第三人，把鏡頭轉到對街，隔著斑馬線看著自己站在那裡等紅綠燈。你臉上有什麼表情？站姿是什麼樣子？身上穿什麼衣服？在這個想像中，你腦海畫面中的自己，就是一種所謂的「內觀自覺」，因為你正在觀察自己。這種用第三者角度觀察自己的本領，實在是人類最了不起的一項能力。

這時，想像你看到了那位同學，正在馬路對面行走。你向她熱情的招手，她雖然看著你的方向，卻對你視而不見，還擺個臭臉。這時候，內觀自覺一下，你心裡有什麼感覺？

當我們向人示好，卻只得到冷漠回應時，感覺必然是失望的。這時候，我們的大腦就會開始從環境中搜尋原因。也許路上人太多，她沒看到你？也許她正在想心事？說不定她有近視，剛好沒戴眼鏡？但她剛才好像有往你這邊瞄了一眼，還皺了一下眉頭。難道她不想見到你？

剛才在想像空間裡所發生的整個過程，如果你很認真想像的話，應該幾乎能看到那個畫面，甚至感受到情緒反應。根據這個情緒反應，我們的大腦會自動去尋找線索，來揣測對方的動機，並驗證我們的情緒反應是否是對的。

這種「疑心」的能力，也是為了讓我們生存。想像數十萬年前，如果我們的祖先沒有這種能力，無法猜測身邊誰是敵人的話，我們也不可能活到現在。我們的「小心眼」，也算是祖先留下來的本能之一。

問題是，根據不同的個性、不同的生活遭遇，每個人的預設立場也都會不同。如果你是個偏負面的人，第一時間可能會覺得：「她明明有看到我，還假裝沒看到，皺眉頭一定是因為不想見到我，臉還那麼臭。我有那麼討人厭嗎？」如果你確定了自己的主觀結論，跟自己說：「好，沒關係，妳不想跟我打招呼，那我也不要理妳！」於是你冷冷與她擦肩而過，還沒互動就已經產生了心結。下次如果在聚會上碰到那位同學，說不定你還會刻意冷落她。但說實在的，你確定你的觀察和結論一定是對的嗎？

擁有積極自覺的你，可能比較容易覺得：「也許她剛好沒看到我，還是叫她一下好了！」於是你大聲喊出她的名字，她則是往你這邊一看，原本帶著疑惑的表情，一旦認出你來，就露出燦爛的笑容。

剛好綠燈，你跑去跟這位許久不見的同學問好。她看到你的時候特別熱情，還給了你一個大大的擁抱，跟你說：「哎呀！我剛才彷彿看到一個人遠遠在向我招手，但太陽太大了，我根本看不清楚，原來就是你啊！還好你有叫我！」這時候，她原本的皺眉頭和臭臉，是不是也有了完全不同的解讀？

所以，我們必須鍛鍊自覺的能力，知道自己可能會預設什麼立場，才能更善於與別人互動，而不是一開始就造成誤會。

這在心理學被稱為「脈絡化思考」（contextual thinking）。我們把直覺納入參考，但同時考慮到對方的背景、所在地點、場合屬性、身邊其他人等環境因素。事實上，這些環境因素可能都會影響你們互動的狀態。

在互動中觀察自己，才能認識自己。

——— 李小龍

閱人四步驟

這些年來，我把這種察言觀色的脈絡化思考，歸納成一套SOP，分為四個步驟：觀察、分辨、分析、試探。

1、觀察

透過觀察一個人的行為舉止，留意對方帶給我們什麼樣的感覺。有時候，我們會對一個人有很強烈的好感或厭惡感，卻說不上來為什麼，如果要能真正懂得閱人，在學習觀察前，我們必須先了解自己。

我會先自問：我是否對某些特定的形象、穿著打扮、種族膚色等個人表徵帶有成見呢？如果缺乏自覺，我們很可能在不知不覺中帶著刻板印象與別人互動，得到的訊息也就容易失真。

要試著用一種「初學者」的心態，去面對每一個互動，保持開放的心態，同時專注於當下的狀態。這聽起來很複雜，但只要多加練習，就不難培養出既能觀察細節，又能抑制反射性批判的能力。

2、分辨

互動一段時間後，就能開始辨識出一個人的行為特徵，認識他的「慣性動作」，假設他平常都會這麼做。我們把慣性動作當成一個水平，才能辨識出這個人是否有異於平常的表現。

舉例來說，一個人可能有咬嘴唇的習慣。他可能個性比較急，說不定有點焦慮，也許當天喝了太多咖啡，這些都無法確定，也不是重點。但如果你在跟他交談的過程中，他突然不咬嘴唇了，這就是一個異常的訊號。這時你要倒帶思考：剛才發生了什麼事、

說了什麼話，讓他突然停止了？提醒一下：不咬嘴唇，未必代表他不焦慮。說不定他還更著急，或冒火，或放輕鬆，這些都有可能。你唯一能告訴自己的是：他的內心狀態改變了，而他的慣性動作則被影響。有了這條線索，你就可以開始尋找改變的原因。

我自己就常在開會時運用這個技巧。當我向客戶提出品牌分析報告時，我會留意客戶的肢體動作。只要我分析得到位，客戶通常都會點頭。但如果我提到某個重點，卻發現客戶沒有點頭，那可能表示他們對此不認同，也可能表示他們沒想過這一點而感到驚訝。我通常不會當下直接反應，而是繼續講別的，稍後再繞回去試探一下剛才的重點。往往這時候，有了第二次的討論機會，客戶會更直接表達心裡的想法。

3、分析

一個平常不抖腳的人突然開始抖腳，他是緊張呢？興奮呢？還是不耐煩呢？是因為會議超時，還是因為剛剛老闆走進來，讓他感受到壓力？進行分析時，我們要把環境的各種因素考慮進來，歸納出各種不同的可能性。

分析，就不光是憑想像了，而是嘗試用你已經蒐集的事實基礎，去找出背後的原因。當我們開始分析事情時，我們可以用過去的經驗來輔助，但小心不要把過去的經驗完全當真，畢竟每個人的肢體語言和反應都不太一樣。

網路上很容易查到各種資訊，告訴你什麼動作代表什麼意思，例如人在說謊或是緊張時，會改變呼吸、重覆字句、遮住嘴巴、不斷抖腳、變得多話、忘記眨眼，或不停的眨眼。但一個懂得察言觀色的人，絕對是因為懂得分析和試探，而不是只憑對方的單一舉動就下判斷，這也是《FBI 教你讀心術》作者在書中不斷強調的重點。

4、試探

透過分析，你對於互動的觀察有了一些假設，這時就要用技巧性的試探，看看哪一個假設是對的。舉例來說，如果你發現一個人開始抖腳、摸脖子、表現出著急的下意識動作，或許可以直接問他：「你是不是在趕時間呢？」當然，對方很可能會因為客氣而不會直說。

例如在會議中，如果覺得對方可能感到不耐煩，我們可以稍微有技巧的表示：「會議再三分鐘就結束了，我等一下也有另一個會議。」要是對方聽到這句話就不再抖腳或摸脖子了，那我們就比較能確定，對方確實是在趕時間。

但如果對方說：「不趕時間，還好！」又接著問你：「剛才你提出的建議，能在預算內完成嗎？」這可能就是他內心焦慮的原因。我察覺到一個很妙的現象：只要對方不是刻意隱瞞或欺騙你，往往在你善意試探，卻沒有猜對時，對方就會給你更明確的暗示，甚至會直接說出來。

有時候，最好的試探方法，就是自己分享一段故事。這讓我想到一個以前在波士頓居住的往事。

讀研究所的時候，有位老朋友從紐約過來找我。我很開心能為老友當導遊，帶他去了波士頓最有名的海鮮餐廳，並大力推薦來這間餐廳必吃的龍蝦。朋友接受我的推薦，也點了龍蝦。

不過當龍蝦上桌後，我發現他變得有點不自在。平常談笑颩生的他，那天卻好像有點拘謹，只挑著一旁的配菜吃。我心想：「他是不是不習慣吃龍蝦呢？是不是不好意思拒絕我的好意，才跟著點了龍蝦呢？難道他怕把手弄髒？」

我沒有直接問他，倒是先分享我自己第一次吃龍蝦的故事。「唉呀！」我說：「當時超狼狽的！第一次吃龍蝦完全不知從何下手，吃得滿身都是。中間綠色的膏吃了，那兩個大鉗子居然放過。後來想用叉子把蝦尾肉勾出來的時候，整塊肉還噴出來，掉到地上！」

老友聽了哈哈大笑，然後告訴我：「不瞞你說，這也是我第一次吃龍蝦耶！」

原來真的是因為我大力推薦，所以朋友不好意思不點龍蝦，但又怕在我面前出糗。幸好我先把自己過去吃龍蝦的糗事告訴他，讓他確定我不會笑他沒經驗。後來，我就教這位老朋友如何享用龍蝦，他吃得很開心，氣氛也就回到了原本的熱絡。

所以，試探未必是提出問題。有時候，靠主動的分享，反而能讓對方更快卸下心防，說出真實的感受。

察言觀色是一套技巧，需要練習。有些人懂得觀察，但只能分辨出哪裡不對勁，未必懂得分析。有些人懂得分析，卻不知道如何技巧性的試探。想要成為明眼人，絕不會是一兩天的事，必須不斷練習、觀察與思考。

我把以上的重點，化為一個公式：

$$\text{察言觀色} = \frac{\text{觀察} + \text{分辨} + \text{分析} + \text{試探}}{\text{自覺} + \text{理性思考}}$$

有些人一臉精明，反應快；有些人看起來善良憨厚，粗線條。我覺得最好的狀態，就是能讓自己看起來憨厚，但其實內在細心。為了保護自己的權益、防小人、維持良好的分寸，尤其進入社會後，我們都應該多多練習這種，融合直覺觀察與理性思考的察言觀色法。

帶有理性思考的察言觀色，能幫助我們更加欣賞每個人的不同。就算你無法全盤了解對方，光是你願意付出「自覺」與「理性」的心，就可以為對方帶來一種支持與認可的力量，這也是我們相互支持彼此、尊重彼此的核心。當我們留意個人的言行舉止可能給對方帶來的不同影響，也會讓我們成為更好的溝通者。透過感性和理性兼具的思考，透過細心的觀察和技巧的應對，我們能變得更善解人意，更容易拉近距離，也更容易給人溫暖、大方的感覺。

所以我認為，察言觀色不是一種厚黑學，反而是善意的禮貌。

這讓我想起最近在一場婚禮上聽到的故事。一位年輕人某天跟大學同學郊遊，認識了漂亮的女孩。回程時，他發現這個女孩一直把手臂交叉在胸前。他心想：莫非自己剛剛說了什麼讓她不舒服的話嗎？這時一陣風吹過，他想或許她只是冷了，但什麼也沒說，主動脫下自己的外套，輕輕替女孩披上。

在婚禮上，新娘笑著說：「就是在那一刻，我被他的貼心感動了！」

適時的注意與關懷，將心比心，就是最加分的行動。讓自己成為一個舒服、細心、貼心的人，那察言觀色的技巧，就會有加倍的價值。

光是看片面的肢體動作和表情，連資深偵查員也無法確實判斷一個人是否在說謊
人人都會觀察，重點在於維持客觀，並透過互動來測試對方肢體訊號背後的動機

以自覺降低
刻板印象和成見

以不同角度
理解對方的心情

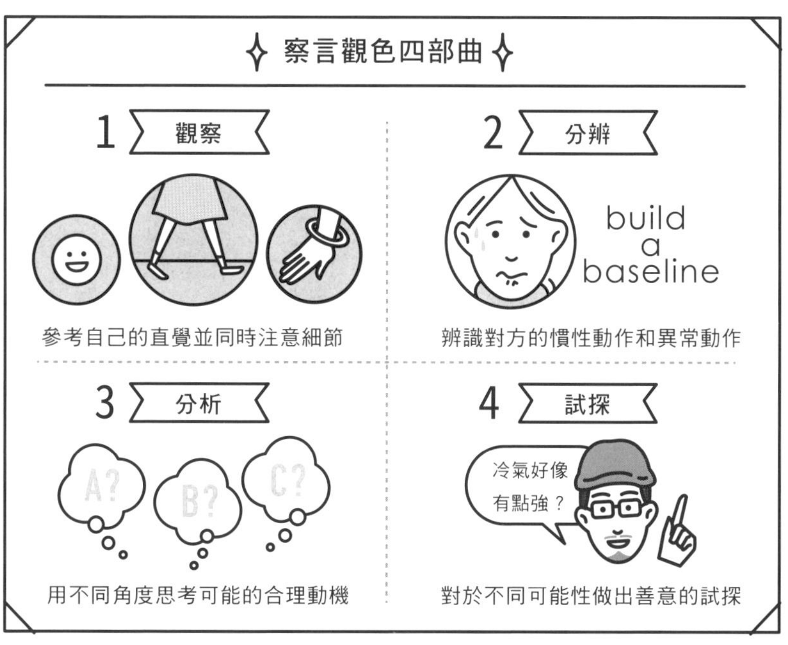

Chapter2

PEACE 不只是和平

心理學教我的社交之道

大學第一週新生訓練時，學長就對我們這些菜鳥說：「男士們，買一套合身的西裝吧！女士們，買一套體面的套裝吧！那應該是你們給自己的第一筆重要投資。」

一開始我還有所懷疑，但很快就發現他的建議很中肯。雖然美國大學生給人的感覺就是隨性，甚至邋遢，但事實上，學校裡不少社交活動，都是有服裝規定的。無論你今天參加的是模擬聯合國社團，或像是我母校時常會舉辦的師生交流茶會，男學生都會被「強烈建議」要穿西裝、打領帶，而女學生最好也身著洋裝或套裝，才能顯示對這個活動的主辦人和其他賓客的尊重。

我從八歲起就住在美國，但一直到大學才開始參加這些比較正式的聚會。回顧那段日子，我認為這是哈佛給我最重要的一項訓練：提供許多機會，讓我與不同種族、不同背景、不同想法的同儕和師長，進行有意義的交流。哈佛甚至在入學網站上直接寫著：「我們設法找到最能夠教育彼此，並教育老師的學生。」[1] 教育老師的學生？有沒有搞錯！

沒有，而且這也是我所深信的價值觀。我們都能從互動中向別人學習，也都能透過分享教育彼此。讀了多少書、做了多少事、年齡、地位、頭銜等，這些都會影響我們與別人互動的方式。

1　摘自哈佛大學入學網站介紹頁面，請參考：https://college.harvard.edu/admissions/application-process/what-we-look。

但你可以是大老闆而依舊向員工學習，你可以是家長而依舊向孩子學習，你可以是老師而依舊向學生學習。這與收穫多少無關，重點在於心態。

在這一章，我將分享自己多年來所整理的社交法。除了根據我個人的經驗，也參考了心理學在溝通與人際關係方面的研究。你可以當成是一套互動方針，無論你身處東方或西方、面對老朋友或新朋友、參加戶外BBQ或正式晚宴，原則都還是不變。

然後，還是要重複一下學長當年給我的建議：如果你還沒有的話，請給自己一筆投資，買一套體面、正式的服裝吧！這真的是進入社會必需的裝備，而且往往你會發現，當衣服買了，穿上的機會也就來了。

用 PEACE 贏得正面評價

關於溝通技巧與社交方面的書非常多，像是狂銷千萬本的卡內基經典名著《卡內基溝通與人際關係：如何贏取友誼與影響他人》（*How to Win Friends & Influence People*），以及近年來熱賣的《魅力學：無往不利的自我經營術》（*The Charisma Myth*）。我自己從大學時就對這類議題很有興趣，也買了許多相關的書來研究。但如果我只能用一章，甚至一個字，與你分享其中的精華，我會說：PEACE。

雖然和平也很重要，但 PEACE 在這裡象徵的不是和平，而是五個不同的單字縮寫：

Positive Engaging Authentic Connection Empathy

重點 1：正面 Positive

首先，你要給人一種「正面」的好感。

很多時候，要去參加一個聚會前，我們心裡可能會有千百個不願意。也許你知道八成會很無聊，可能一個人也不認識，還要想辦法跟人寒暄，想到就讓你覺得焦慮。當然，你可以強顏歡笑，假裝很投入。但如果你能在進入聚會前先轉換自己的心情，讓自己更積極面對這個社交機會，就可以讓你的談吐舉止感覺不同。

我在《Get Lucky！助你好運》中，就曾解釋過「假笑」與「真笑」的差別：假笑只有笑在嘴角，但真笑是笑在眼角。那是因為，分布在眼眶周圍的「眼輪匝肌」比較不聽使喚，只有當我們真正被逗樂時才能牽動。雖然不是每個人都懂得觀察眼部的肌肉，但每個人都可以感覺到，啟動眼輪匝肌的人看起來比較友善。所以，最好的方法不是讓自己假得很真，而是要讓自己真的很真！

面對一個你不想參加的聚會，就盡量去想像你能得到的收穫，期待這場聚會絕對會超越期待，給與你出門的動力。不要因為抗拒，就讓自己充滿焦慮。請提醒自己：「我內心最抗拒的不是那些人，而是抗拒本身所帶來的不安。」

你可以試試看這個思考練習：回想一下，上次在什麼樣的社交場合，你曾經有過意外收穫？為何能給你驚喜？你當初是否也有一點抗拒，但後來因為有了很棒的經驗，所以對那個人或場合徹底改觀？什麼事情發生得「對」了？你有辦法再一次讓事情發生得「對」嗎？誰說你今天參加這個聚會，就不會有一樣的意外收穫呢？

我就是用這樣的思考練習，克服了自己的社交焦慮，到現在我還經常會使用到這個技巧。

萬一你真的發現自己跟來賓格格不入呢？最起碼可以想：「好啊，我就當個觀光客，老爺到此一遊！」喝個飲料、吃個點心、當個觀察者，讓自己融入氣氛，總比縮在尷尬的自我保護模式中來得好，不是嗎？

要給人正面的好感，也要注意自己的言語和詞彙。很多人雖然為人和善，但經常抱怨事情。抱怨天氣、抱怨工作、抱怨小孩、抱怨這、抱怨那。抱怨很正常，有的時候集體抱怨也是一種療癒。不過，太多負面言語，很容易就會造成負面循環。負面言語用多了，也很容易被當成是一個負面的人。下次去聚會的時候，你可以觀察哪些人喜歡用偏負面、或偏正面的言語，以及他們所給你的感覺。

我們都知道不能隨便罵髒話，限制級的字眼只會留給特定的朋友，這是一般人都具備的社交自覺力。同樣的，我們也應該發揮這種自覺力，盡量在社交中少用消極、負面的言語，多用健康、積極、正面聯想的詞彙：

積極、主動、較正面的說法	消極、被動、較負面的說法
很好	不差 （雖然意思也是好的，但還是負面的字眼）
一切都好嗎？	現在是什麼狀況？ （顯示你的預設立場是有狀況）
我要	我得 （顯示控制權不在你手裡）
我可以接受	我沒差
這個想法很好，而且…… （當你要補充意見時）	這個想法不錯，但是…… （讓人覺得你有反駁的意圖）
最近工作得太充實了！ （迂迴的小抱怨，但顯示你還是開心的）	最近忙到分身乏術！ （熟人還好，外人聽起來有瀕臨失控的感覺）

透過練習，你會發現多用好字並不會影響溝通效果，而你所給人的感覺會顯得更正面。根據語言相對論（Linguistic Relativism）[2]，我們所使用的語言能夠直接影響我們的思考方式。甚至有研究發現，使用負面詞彙會刺激情緒化的杏仁核，使用正面詞彙則能夠啟動理性的前額葉皮層，所以多用好字對自己的心理健康也是有好處的！[3]

2 又稱「沙皮爾－沃爾夫假說」（Sapir-Whorf Hypothesis）。

3 對這個概念有興趣的朋友，可以參考安德魯・紐柏格（Andrew Newberg）與馬克・羅勃・瓦德門（Mark Robert Waldman）合著的《Words Can Change Your Brain》。這本書根據作者的研究，提供了一套運用正面詞彙的溝通技巧。

即便是不好的事情，你也可以試試用正面言語來表達。這聽起來很彆扭，但效果很妙。人可以用壞字說好話，也可以用好字說壞話。如果你把正面的事用負面的言語形容，那會聽起來像找碴；如果你把明明很負面的事都能講到聽起來很正面，那就是一種高尚的幽默功力。假設你今天和朋友聚餐，誤踩地雷點到很難吃的菜，你可以說：「這家餐廳怎麼這麼難吃，讓人想吐！」或是你可以說：「這家餐廳非常適合減肥，吃一口就完全沒食欲了！」同樣都是在抱怨，但後者聽起來有趣多了，不是嗎？

開口前，請先品味自己的用詞。

——— 佚名

重點 2：投入 Engaging

其次，你要「投入」與他人的交流。

教你一個很基本、很安全，人人都學得會，人人都知道，但常常忘記的溝通技巧：當對方說話的時候，看著他的眼睛，專心的與他，也只跟他互動。

是的，就這麼簡單！但我們常常發現，有些人說話時總顯得心不在焉，或你說你的、他說他的，更糟的是有些人一邊跟你講話，一邊還在跟別人打招呼。好的溝通者，無論對象是誰，總是能讓對方感覺備受重視，即便交談中被打斷，也會主動轉回話題。假裝交心但其實心不在焉的人，很快就會被識破，因為互動的節奏不對勁。

有些舉動能讓人覺得你很尊重他，因此更願意與你交心。例如，當你入座時，將手機關靜音並收起，是一個很重視對方的禮貌行為。當對方說話的時候稍微向前傾，除了讓自己聽得更清楚，也會讓對方覺得你很專注。

在社交中總是很投入的人還有幾個特質：強烈的好奇心、對各種經驗和論點持開放的態度、在言語及肢體上有豐富的表情。

他們能夠在交談中展現高度的專注力，往往是因為這些特質，而不只是因為有耐心，或是很有禮貌而已。

你是否對身邊那些充滿好奇心、對你的話總是投入傾聽的朋友頗有好感呢？你是不是覺得他特別尊重你，跟他相處時總是特別舒服？如果你會因為這些特質而親近一個人，特別想跟對方互動時，你就應該知道自己該怎麼做。換句話說，如果你能培養對人的好奇心、保持開放的心態、不吝於展現自己的反應，那你就能成為一個富有吸引力的聊天對象！

比起讓別人對你感興趣，如果你真心對別人感興趣，
你在兩個月內交到的朋友，會比你在兩年內交到的更多。
——— 戴爾·卡內基（Dale Carnegie）

重點3：真實 Authentic

再來，是很簡單的「真實」。

社交最大的敗筆，就是被別人判斷你是個「表裡不一」的人。比如某人平時總是彬彬有禮，但對服務生說話的時候卻很不禮貌，這會留下很糟的印象。我們不要當表裡不一的人，也不要做個戴著假面具的人。不要一下子這樣，一下子那樣，對上司很

尊敬，對下屬很刻薄。反差愈大，愈顯得表裡不一。

重要的是，要顯得真，對話時就必需注意自己的「3V」：

第一個 V 是 Verbal，你所說的話。第二個 V 是 Vocal，你的語氣和聲調。第三個 V 是 Visual，你的表情和肢體語言，那些別人看得見的訊息。

這三個 V 都要搭得起來，不能彼此產生矛盾。如果你嘴巴說：「好開心喔！」但是笑容很僵硬，或語氣聽起來一點都不興奮，就會搭不起來，效果當然也很假。這些訊號真的很微妙，一點點差別就會給人完全不同的感受。

語言學家費利西亞・羅伯茲（Felicia Roberts）與亞歷山大・弗朗西斯（Alexander Francis）就曾做過一個實驗：他們錄製了一些對話，讓一方提出要求，例如：「可以讓我搭便車嗎？」另一方回答：「當然，沒問題！」然後再透過剪接，稍微加長或縮短問答間的停頓。他們發現，只要問與答中間的停頓超過 700 毫秒，當我們聽到這段對話時，就會覺得回答的人不夠真誠。

傷腦筋啊！除非你是演員，不然我建議你，不要煩惱這些毫秒中的細節了。當我們刻意想展現某種狀態，卻又做得不夠好的時候，只會弄巧成拙，反而彆扭。就像有些推銷員學了一堆肢體語言和話術，從鞠躬角度到握手強度，花招百出，反而讓人感覺很「油」。

「做你自己，be yourself ！」這句話不只是口號，更是善意的提醒。我們都比較喜歡真實的人，所以不必過度包裝自己，做太多虛假的禮貌。讓你的表情、語調和肢體語言都真情流露，也是一種自然的魅力。

如果你本身就不擅長表達自己呢？那也沒關係。「真實」的表現與分寸因人而異，需要自己拿捏。不是每個人都能不修邊幅，有些人天生內斂或拘謹，這都不是問題！各人有各人的風格，重點是讓自己放輕鬆，自在一點比較沒有負擔，也比較能讓對方跟你互動。少花一點力氣做樣子，多放一些精神與對方交心，並且用同樣尊重的態度對待每一個人，就能顯得真實。

當你做真實的自我時，沒有人能與你相比。

——— 佚名

重點 4：連結 Connection

接著，你必須找出「連結」。

所謂「六度分隔理論」（Six Degrees of Separation），講的是社會上任何兩個人要產生連結，平均只需要透過 5.5 個人就可以達到。但 Facebook 在 2016 年比對當時 15.9 億的用戶資料後，發現這個平均值其實只有 3.57。是的，你跟你的偶像只有 3.57 個間接關係的距離，跟任何一個陌生人和新朋友也是如此！

根據「社會距離」（social distance）的概念，我們與別人的關係就好比空間中的配置，有些人在你內心親近一點，有些人疏遠一點。對於社會距離比較近的朋友，我們想到的事情會比較具體；對於那些距離遠的，我們就會用比較籠統和抽象的概念去想他們。所以在社交時，我們對一個朋友的認識愈具體，也就愈容易拉近他們在心裡的社會距離感。

同樣的，當兩個人有一些共同點，而這個共同點愈具體、愈特別、愈難得，雙方的社會距離感也就會更容易拉近。社交時，我們就要盡量建立這些連結。你跟對方有什麼共同朋友？共同背景？共同興趣？共同連結愈多、愈精準，就會感覺愈親近。

想像一下：兩個素昧平生的人在聚會上一聽口音，發現彼此是老鄉，然後再繼續問，發現兩個人竟然來自同一個地區，甚至在同一個鄉鎮長大，一下子就稱兄道弟。當然我們不可能每次都這麼幸運，但只要多交流，就能找到一些與對方共享的特點。也許是你們都喜歡的音樂？喜歡的球隊？喜歡的電影？每個分享，都是建立連結的機會。這就像是地圖上一格一格的座標，隨著愈多座標被觸發，雙方的距離也會愈來愈靠近。

但是要注意喔！有些時候，看似回應彼此的連結，其實是互相較勁。例如以下這段對話：

A：「我喜歡旅行。上次春節假期，我去了一趟歐洲，而且還搶到很便宜的巴黎機票，哈！」

B：「嗯，我最近聽了一場很不錯的歌劇，也搶到便宜的票！」

A：「呃……是喔。巴黎啊，真的每個角落都如詩如畫，羅浮宮我連去了三天，都還沒看完！」

B：「嗯，我跟你說，最厲害的美術館在紐約，整個城市都是美術館。」

A：「我覺得巴黎也是耶。」

B：「那你就錯了！紐約我熟得很，改天我當導遊，你就知道了。」

A：「呵呵，好……」（接著就找個藉口離開）

這樣就很尷尬了，對不對？兩個人都在展現自己，雖然有些連結點，但卻愈連愈遠。換個方法對話，看看他們怎麼輔助彼此建立連結：

A：「我喜歡旅行。上次春節假期，我去了一趟歐洲，而且還搶到很便宜的巴黎機票，哈！」

B：「哇，歐洲耶！我很想去，但是沒機會。巴黎有好的歌劇院嗎？我特別愛聽歌劇。」

A：「有！巴黎啊，真的每個角落都如詩如畫，我沒去聽歌劇，但羅浮宮我連去了三天！」

B：「是喔？看來你很喜歡藝術？」

A：「是啊！雖然沒什麼研究，但就是愛看。」

B：「其實我也是，所以我喜歡旅行，我覺得城市就是藝術品。」

A：「你講的太對了！」

你不需要去過巴黎或紐約，也可以從別人的分享中，找出自己有共鳴的地方，從那裡延伸出彼此共享的經驗或看法，建立更深層的「價值觀連結」。找出並肯定彼此的連結，能幫助你自己更容易記得每一位新認識的朋友，下次再見面，只要提起這些連結，就會馬上喚起當時的好感。連結一直都存在，隨時等著我們去觸發，這絕對是成功社交的不二法則！

彼此間不明顯的共同點，比明顯的共同點更有連結力。

——— 赫拉克利特（Heraclitus）

重點 5：移情 Empathy

最後，所謂的「移情」，指的就是同理心。

有同理心的人不但容易受到別人喜歡，也更容易喜歡別人，因為他能用同理心理解對方，所以比較能看到對方的好。但請注意，「同理心」與「同情心」是不一樣的。

同情心是：「你好可憐喔，讓我來幫你吧！」有一種上對下的優越感，很容易讓對方覺得不舒服。

同理心則是與對方感同身受，像是踩進對方的那雙鞋裡，跟著他一起走，感受他的世界。

即便是不好的遭遇，當別人與我們分享經驗時，嘴巴不一定會說，但內心一定會問。他們渴望我們回應的，是這個問題：「如果你是我，你能理解我的處境嗎？你能體會我當時的感受嗎？」他們要的可能不是幫助，不是體諒，可能只是一種理解。即便做了傻事，也不希望別人把他們當成傻瓜或可憐蟲看待，而是一個有血有肉、有情有欲，還有不少無奈、衝突與矛盾的人。換句話來說，其實就是我們每一個人。

所以從這個角度來看，同理心應該很容易，但有時候也很困難，因為我們都有主觀價值。有時候我們實在無法認同對方，或聽到某些事情時會不自主覺得反感。移情這個重點，是提醒我們不要急著下判斷，不要急著說教，而是先試著理解對方。這不代表你什麼事都要跟對方站在同一邊，你可以說：「我主觀上不同意，但我真心想聽聽你的思路。」就算對方立場跟你不同，也會因為你願意聽他的想法，而對你多一分打自心底的尊敬。而且，當你用同理心對話的時候，也比較容易讓對方卸下心防，接受你的建議。

舉例來說，假設你的同事某天跟你訴苦，因為小孩對她不敬，她在氣頭上狠狠打了孩子一頓，事後又很自責。這時，請不要趁機說教:「唉呀，打小孩不行啊！孩子很容易留下陰影啊！」也不要直接就跳到解決問題的模式：「那你要怎麼跟他溝通呢？你打算跟孩子道歉嗎？」

前面這些話或許晚一點都可以說，但你必須先從同理心出發，不管你是否認同她的行為，最起碼可以表示你能理解她的心情：「我想，如果我是妳的話，也一定非常痛心！我自己雖然沒有小孩，但我的狗有一次刻意在家裡搞破壞，結果我罵牠的時候牠還對我狂吠，那次也讓我氣得想揍牠！」

你沒說對方是對的，但你正視了對方的感覺，並且用自己的經驗來理解對方的經驗，讓這位焦慮又自責的媽媽，覺得有個願意傾聽的朋友。往往你會發現，當你能用同理心描繪出對方的感受時，那種共鳴感會讓對方平靜下來，甚至變得更理智。這時候，你們就能一起來討論如何解決問題。你可以勸導、可以說服、可以不贊成、也可以反對，但你一定要先從同理心的基礎，尊重並設法理解對方的不同。

年輕時的我，沒耐心又主觀，對於談不來、價值觀不同的人，總抱持著「道不同，不相為謀」的態度。當時覺得自己很灑脫，很有 guts，後來才發現這份灑脫讓我錯失了許多與人結識的機會。交友一定要有原則，但絕對不能缺乏同理心，即便是這輩子無緣成為朋友的人。

我的心存在於兩個地方：我這裡，和你那裡。

——— 瑪格麗特・愛特伍（Margaret Atwood）

對別人好，不需要透過什麼厲害的禮物去買通。懂得深層社交的你，能直接或間接感受到各種好處。這種好處不會只是錢財或名聲，而是更滋潤心靈的舒坦與寬慰。當別人與你互動時，如果也能獲得這種感覺，你自然就能在社交圈得到許多正面評價，也會有許多支持你、願意幫助你的朋友。

「PEACE 社交法」是我從我的人生經驗中、學習裡，歸納整理後，提供給你最簡單、最快速的一個法則。這是我走進每一個聚會時的心態，也讓我這個原本害怕社交的人，在世界各地都交到了朋友。

印象中每一次選美大賽，世界小姐講到自己的心願時，總是會說：「我願世界和平。」聽起來雖然是老掉牙，但我真的相信，如果我們都能用 PEACE 的原則與彼此互動的話，最起碼能讓這個社會和平許多。

真人示範 PEACE 社交法
xuan.tw/peace

所以今天，就讓我高舉「世界和平」的皇冠，為你戴上吧！希望你能常用，讓 PEACE 成為真正屬於你的工具。

為名譽著想，別只為了名次。

為真正的關聯著想，別只為了關係。

為忠誠著想，別只為了出名。

——— 特德．魯賓（Ted Rubin）

社交的重點在於雙向的交流，不是單向的自我展現
以下這些社交原則，都能夠幫助你建立良好的互動

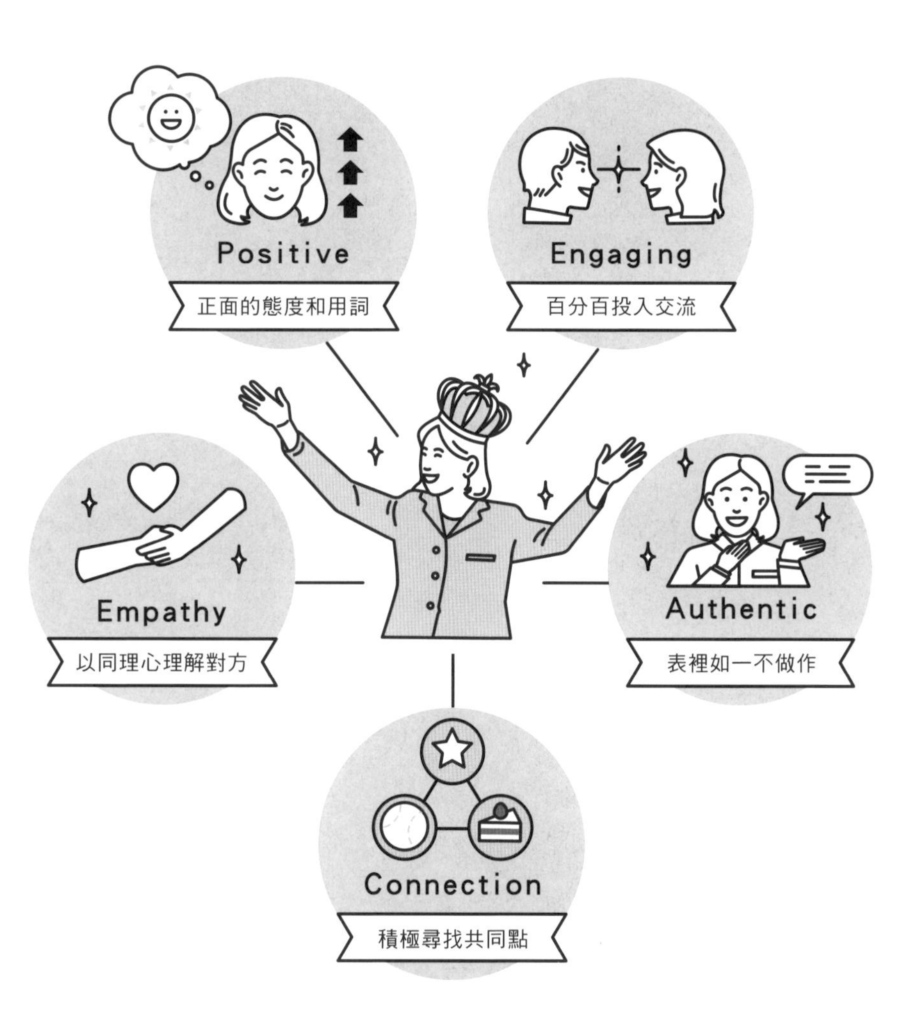

Chapter3

蓋一座動人的故事屋

心理學教我聊天的藝術

我們會很羨慕一些人，好像無論在什麼場合都很自在。什麼人都不認識，對他們來說從來不是問題。幾分鐘後，你就會看到他們跟別人聊得很熱絡。他們哪來這麼多話題啊？到底反應要多快，腦袋要多博學啊？

十幾年前，在我剛開始主持廣播節目時，這曾經是我最困擾的問題。廣播節目不像電視，沒有畫面、看不到表情，只能靠內容「好聽」取勝，但到底怎麼樣才算是好聽呢？以前我很在意要把節目做得有份量，要言之有物，有獨特的觀點和見解，甚至每次都會先把開場白背起來，一切照著訪綱走，只要來賓離題，我就會很慌張。

直到某天，在聚會上遇見了一位廣播界前輩，他送給我一句建言：「劉軒啊！其實好聽的廣播，就是好聽的對話。」簡單一句，讓我琢磨了好幾年，才逐漸摸索出其中的道理。

確實，主持人的工作，不是要講出那些拍案叫絕的段子，不是要妙語如珠、口若懸河。主持人的工作，是要讓來賓能夠展現自己的口才，讓來賓能夠講出他們的故事，帶出他的情緒，讓來賓因為你而聊得開心。當你這麼做，不但氣氛好，節目自然好聽，來賓放鬆了，自然會給出好內容。

聊天其實也是這樣。我們往往想得太過複雜，以至於還沒開口就已經閉上自己的嘴巴。不過聊天不僅僅是開心的哈拉，這個過程有始有終，也有固定的節奏，這就是我在這一章要跟你分享的。

首先請回想一下，你上次和某位新朋友的對話中，是什麼讓你感到印象深刻，覺得那實在是一次良好的互動？你是怎麼認識對方的？在什麼樣的場合，聊了什麼？怎麼找到共同話題，怎麼跟對方熱絡起來的？

我猜，你可能很快就想到某個場景，但細節有點模糊，是吧？可能你記得的是某句話，或對方的一個表情，或只有一個抽象、說不上來，卻又很真實的「感覺」。

一段好的對話，往往會為雙方留下一個好的感覺。再往裡面慢慢回想，也許你會想起一些細節，但那種感覺才是最清晰明確的，下次再見到那個人，當時的感覺還是會湧上心頭。所以跟一些特別聊得來的朋友，我們總會覺得很奇妙：怎麼好久不見，一見面卻不生疏，馬上又能聊起來呢？那就是因為感覺對上了。

兩段獨白無法成為對話。

——— 傑夫・達利（Jeff Daly）

感覺比訊息更難忘

該怎麼營造出這種感覺呢？

我自己經常用來幫助理解的基礎，是一個意象，一個來自教育心理學的觀念，叫「鷹架支持」（Scaffolding），就是蓋房子的時候，建設公司會搭在房子四周的支架。

我把聊天的過程，想像為蓋一座房子。你怎麼搭這個鷹架，就會決定房子將來變成什麼樣子。今天，當你要和別人蓋房子時，要先找一塊地，勘查地形、整理地面，然後打好地基。接著才是運輸建材，搭建鷹架，然後從地面開始，一層一層往上蓋。你可以引導，可以協助，但不能把那塊地搶過來自己蓋，塞滿自己的想法，自己的故事，自己的意見，否則聊天只會變成各自表述。

這是我給自己的第一個功課：先克制自我表現的衝動，讓彼此的溝通產生「同步感」，讓「聊得來」的感覺自然發生。

第 1 步：勘察地形

在蓋房子、買房子前，我們一定會先做功課：地點好不好、左鄰右舍是什麼人、鄰近的學區與商圈又是如何……那麼再和人聊天前，是不是也應該先做點功課呢？這就好比是勘查地形一樣，做點功課，才能知道該和他聊些什麼。

當主持人時，每次採訪來賓，我一定會先做基本功課，像是上網搜尋一下對方的背景、資料等等。其實，先做功課不一定只適用在採訪式的聊天，在任何場合、面對任何人都能派上用場。

當你預先知道要認識一位新朋友，或是跟某個重要的人有一場會議，只要能知道對方的名字，利用網路，很輕鬆就能先做點功課。就算找不到資料，或不清楚對方是誰，你也可以先問一下，將要去的場合會有什麼產業的人士？稍微研究一下這個產業的背景和最近的消息。

有時候，你可能已經到了一個地方，才遇見想要聊天、認識的對象。這時候，你可以先找邀請你來這個聚會的主辦人，或是共同的朋友，請他給你一些對方的背景訊息。大多數情況下，主辦人或朋友說不定會馬上帶你過去，直接引介對方跟你認識。即便他沒空，最起碼你先能掌握一些訊息，也就不必害怕一開始時大眼瞪小眼，沒半句話好說。

如果今天你要參加某個聚會，當然可以先上網查查主辦人的生平、認識一下他的工作產業。更加分的是，你還可以先記下幾個產業中的術語，把這些術語運用在交談中。例如，在聚會裡，某個人說他是設計師時，你可以問他：「那你是平面還是工業設計？」如果對方說他是程式設計師，你可以再追問他：「哇！那你是寫 APP 還是系統程式的呢？」對方聽到了一定會馬上提起精神，以為你就算不是同行，也應該是個內行人。

網路行銷大師許景泰就有一個很棒的方法：運用 Facebook 分類群。他會設定許多不同的類別標籤，如網路商店店主、科技媒體、時尚媒體等等，每次認識一位新朋友就立刻加對方臉書，並設定標籤。這麼做的好處是，他只要一按下某個類別，畫面上就會立刻出現那個類別中所有朋友的訊息。某次聊天，他還跟我分享：「這麼做有一個很大的好處，當你下次要見到他們之前，很快刷一下他們的狀態，就能知道他們最近都在做什麼。」這時候，一見面你就可以說：「嗨！某某老師，您最近開的那個課程進行得如何？」對方一定會覺得備受尊重，但你說不定五分鐘前才剛惡補而已。

平時，我們也能多看看產業新聞，閱讀不同領域的知識。你不需要讀得很深，不要讓自己產生資訊焦慮，即使只有過目，也總比完全不接觸來得好。而且，這些基本知識，會讓你變得言之有物，碰到什麼話題都不怕，絕對比每次都只聊天氣和八卦來得有價值。

所以，在開始蓋房子前，勘查地形的功課是不能省略的。

每天花幾分鐘瀏覽一下新聞、時事、流行話題，或是閱讀近期熱門書籍，甚至是社群網站，都可以獲得不錯的談資！如此一來，不管將來你面前出現的是什麼人，你都能有備無患。

徹底的準備，能創造自己的機會。

——— 喬・派耶（Joe Poyer）

第 2 步：打好地基

當兩個人開始交談，基本的溝通模式，包括對彼此的印象，大約在前三到五分鐘就會建立。這短短的幾分鐘，就像是房子的地基，地基打得愈好，聊天過程就會愈穩，樓就可以蓋得更高。

好地基取決於什麼呢？就是你和對方所建立的對話空間與感覺。

兩個陌生人第一次見面，多少都會有點緊張，稍微有些尷尬，尤其是比較內斂含蓄的亞洲人。但隨著相處時間拉長，當你們習慣彼此處在一個空間裡，這個尷尬就會逐漸淡化。打地基的目的，就是為了讓你和對方降低一開始的不自在，讓對方覺得跟你聊天是舒服的，可以暢談，不會拘謹。所以在這個階段，感覺比訊息更重要。

通常我們認為，要跟別人聊得來，只要聽懂別人說的話，知道怎麼回應就好了。但事實上，溝通的本質不只是口語上的理解，還需要一些相似的姿態、手勢或口吻等非語言互動的同步，雙方的內心才會產生那種「對上」的感覺。這也是為什麼，我們常常會在跟別人聊天時，不自覺的模仿起別人的動作。像這樣彼此模仿，就會在潛意識中增加對彼此的好感。

反過來想想，當你無法跟別人在談話上達成同步，這種總是對不到 key 的感覺就好比話不投機，會讓我們跟對方產生一種距離感。當我們又特別注意與對方的差異性時，距離感會跟著擴大。

要營造輕鬆的好感，首先就不能排斥客套的問候、寒暄、聊天氣這種「哈拉」（small talk）。

哈拉的特點就是很淺薄、很表面、沒什麼個性，但同時也很輕鬆、友善。重點是，你說的時候可以很輕鬆、友善。對方可能完全不會留心你說的話，只會注意到你這個人是否給他好感。所以，不要一開始就為自己的客套話道歉，或在那裡要說不說，表現出很尷尬的樣子。

不久前，我住的社區搬來一戶新鄰居。那一戶之前都在裝潢，每天敲敲打打的，但從來沒見過屋主。有一天，我在梯廳見到一個拿著感應卡的陌生人。這裡多半的住戶在搬進來不久後，都會把感應卡換成能掛上鑰匙圈的「感應豆豆」，但這位仁兄還拿著感應卡，應該就是新來的吧！

他看了我一眼，但並沒有打招呼。我們兩人一起等電梯，這時我心想：要怎麼開始跟他聊天呢？我可以直接問他：「你是新搬進來的嗎？」但這樣就有點像質問，似乎不太好。所以我就先說：「最近幾天開始熱起來了。」

他著我笑了笑，說：「是啊！」

「終於開始熱了，但一熱就悶。」我說。

「是的，是的，現在晚上都要開冷氣了。」他回答。

電梯來了，我們一起走進去。

按下樓層後，我說：「好幾次看起來要下雨都沒下，棉被也不知道該不該拿出來晒。」

他點點頭，但這次加了一句：「請問棉被都是可以直接拿到頂樓晒嗎？」

「是的。」我回答，並問：「對了，我好像之前沒見過你，請問你是我們新搬進來的鄰居嗎？」

他說：「是啊！我們上個月剛搬進來，還沒機會在社區大會自我介紹呢！」

當電梯到達他的樓層時，我們已經彼此認識了。之後每次見到這位鄰居，他都對我特別友善，也會主動跟我聊天。

你可能會覺得我多此一舉，為什麼不直接問他是什麼時候搬進來的呢？但一開始就問對方的身分、工作、住哪裡等等，某些人一定會覺得太直接。我就很怕碰到那種見面就問你祖宗八代的婆婆媽媽，所以我總是提醒自己：「在營造親近感的同時，也要尊重個人空間。不要一開始就問太隱私的問題，不要讓對方覺得你在挖掘他的生活細節，歐美人士尤其重視這種個人隱私。所以，我選擇用很「無聊」的方式開始，主要是為了展現我的友善。經過前面幾句來回「哈拉」，我們不但破冰，化解了兩個陌生人在電梯密閉空間中的尷尬，也自然製造了認識的機會。

別擔心無聊，本來聊天一開始就沒辦法非常有趣，況且無聊本身也有自己的價值呢！

人只有一生，所以再無聊的時光，也都是限量版。

——— 佚名

講到空間，還有一點要特別注意的，就是尊重社交距離。這裡指的是：一個人需要與交談對象保持的舒適距離。有些人喜歡很近的促膝長談，但有些人可能要站遠一點才比較自在。這個「社交距離」就好比是顆氣泡，被戳破了就會產生不安。因為每個人的氣泡半徑都不太相同，所以你必須要特別留意。當對方有點往後傾，甚至倒退時，並不一定表示人家不喜歡你，可能是你站太近了。這時候側開身體，製造一點空間會比較好。

喔！當然，如果你要去參加社交聚會，請不要吃那些生蒜、洋蔥、韭菜之類的食物。如果有抽菸、喝咖啡等習慣，最好隨身攜帶薄荷糖，不要因為「氣場太強」而讓人敬而遠之。我以前都會在西裝口袋裡放一盒「Tic Tac」，但後來發現走動時會沙沙作響，後來就改成薄荷片和噴劑。

另外，還有一個小技巧，我很少與人分享，但這是我個人經常使用的社交祕訣，在結識新朋友的階段非常有效，那就是：轉述別人的讚美。

「原來某某人說的那個厲害的學長就是你啊！」

「剛才聽某某說，你是他認識最厲害的廣告人。」

「主辦人叫我一定要來認識你，說你的人生經歷可以直接出書了！」

別人的讚美說出來不但不會肉麻到自己，還能讓對方覺得有面子，也為稱讚他的人加分，這是為別人積口德啊！而且，你這樣還可以直接順著問對方：「你們是怎麼認識的呢？」

當一個帶來讚美的使者，人人都贏。

讚美不但對人的感情，也對人的理智有很大的幫助。

——— 托爾斯泰（Leo Tolstoy）

第 3 步：加蓋樓層

如果用蓋房子來比喻聊天的過程，在一開始低樓層的階段，會比較適合聊一些實際的觀察和敘述。但當房子愈蓋愈高時，就可以聊更多內心的感覺和想法。如果你漸漸能和對方從敘述事情，聊到他的想法，就代表你正一步步靠近他的心靈閣樓。

怎麼樣才能順利一層層往上蓋呢？最直接又簡單的方法，就是讓對方說出他精采的故事，再用自己的故事來交流。

每個人都有精采的故事，每個人也都愛聽精采的故事，但不是每個人都會說出精采的故事，這就是你可以效勞的地方。既然你是來蓋房子的，如果對方有一堆凌亂的瓦片和磚頭，你就可以幫助他把這些碎片組織起來。

我之前在飛碟聯播網主持的廣播節目《藝術好好玩》，每週都要訪問一位藝術家。我父親也是畫家，所以我很清楚知道，藝術家的每一件作品，背後必然有一番故事。例如，創作的靈感來源、創作的過程，過程中遇到的瓶頸和自我挑戰等等。但有些來賓善於創作，卻不擅長談自己的作品。他們的官方回覆通常是：「讓作品本身說話。」這時候，我就會問他們成為藝術家的心路歷程。我發現，無論一個人在陳述自己一生時多麼平鋪直述，也一定有轉折點。無論一個人顯得多麼隨遇而安，也一定有必須做出困難決定的時候。

主角的困難決定，就是所有故事的核心。電影因此好看，故事也因此精采。

因為人生本來就充滿波折，每個人都有克服波折的經歷，讓自己的決定改變人生的曲線。這些過程絕對值得我們學習、讓我們成長。這些充滿價值的故事，天底下每個人都有。

有些時候，分享故事真的不太容易，尤其當對方有所保留，不太願意透露自己內心的時候。這時，我會先分享一些自己的故事，用說故事的時間讓對方習慣與我對話，讓他逐漸放鬆，而且我的故事也往往能讓來賓聯想到一些自己的經驗。

這不僅限於廣播訪問的時候，一般的社交場合也絕對適用。只要注意，別把自己的故事講得太長就好。別讓拋磚引玉，變成狂丟磚頭。也許你可以先從別人的故事開始聊起，例如介紹你們認識的人、你們的共同朋友，或一些共同的回憶。當然，請注意，尊重隱私，避免八卦。

一旦對方開始說起他的故事，請不要打斷他，那是大忌！如果他說：「我上週剛從峇里島回來……」最糟的應對是：「之前我去峇里島，就怎樣怎樣……」你沒等對方說完，就把人家的話題變成一種自我炫耀，那還聊什麼天？等對方先說完，再來分享自己的經驗。

還有，也不要太快就下結論。當對方說：「我上週剛從峇里島回來，發生了很多有趣的事。像是我每次買東西時都很緊張，因為簡直就是高手過招……」如果你回應他：「喔，對啊！那裡真的都是這樣，討價還價太累了，很多人寧可不買！」

然後呢？對方起了個故事的頭，但你卻立刻下了很籠統的結論，那他要怎麼講下去？專注於對方，試著正確回應對方，才能正確解讀別人沒說出口的話，理解故事背後的情境與出現的目的為何。最後，也才能用對等且真誠的關係來互動。最主要的概念是：把自己的舞台放低一點，請別人上台，把他的故事當一回事，好好跟他互動。

你可以先問一個具體的問題，例如：「你殺到最低的折扣是多少？」

或者：「你曾經上過當嗎？」

更好的問題是：「你說買東西像高手過招，那你碰過哪個高手，讓你覺得真的很厲害？」

一個好的問題，往往能夠引導出好的故事。

重點是你要鼓勵對方說出來，讓自己的表情隨著對方的故事而改變，陪他再度經歷故事裡的每一段曲折。當對方說得精采時，就給他喝采！用語氣和眼神鼓勵他說，多問一些問題，鼓勵他用具體的描述，讓故事充滿畫面、色彩、聲音，甚至味道。其實每個人都愛說故事，所以會聊天的人，能讓對方用說故事的方式分享自己的經驗。自己聽了不但不無聊，說不定還有些啟發，對方也因此獲得紓發，這才叫賓主盡歡。

聊天的過程，也是為了創造共鳴。最容易創造共鳴的方法，就是把自己放到對方的故事裡，跟他一起體驗那個經驗。你可以試著跟對方說：「哇！如果我是你，一定會覺得如何如何……」這樣，就能幫助你們從討論一些客觀的事實，快速前進到談感覺的層次。

如果你聽到了一件深有同感的事，你可以選擇把這個共鳴點先留在心中。如果對話突然卡住，詞窮的時候，再把剛剛的共鳴點拿出來說：「其實，你剛才說到什麼什麼的時候，我特別有感覺……」這其實就是英文裡「Me too ！」的反應，或是我們回覆文章用的「+1」。有些人特別喜歡在當下反應，別人尾音還沒說完，就衝出來表示：「啊！真的真的！」「沒錯！我也是、我也是！」這沒什麼不對，但切記不要太快，因為太快表現同意，只會讓對方覺得你過於心急。說不定還會覺得你只是表面客氣，並不真心。

你可以表示同意，點點頭，但不要急著說，讓對方先說完。

等輪到你分享的時候，再把那些共鳴點拋出來，對方會更有感覺。例如，對方跟你說他最近讀了哪本書，作者帶給他很大的幫助。這時候，即便你剛好知道這位作者，也要等他把心情訴說完後，再說：「你剛剛說的作者，我也非常喜歡。他的許多作品，我都有讀過。」這種有禮貌的共鳴，會比你當下就說：「啊！對對對，我知道，我也很喜歡他的書！」來得更好。

把想講的事情講完，絕對是一件讓人感到滿足的事情。許多談論生命故事的心理學家，如麥克亞當斯（Dan McAdams）教授的「生命故事理論」（life narrative），總是傳遞著「講述故事」與「聆聽故事」所形塑的人生，不但是我們語言表達的一項目的，更是我們為自己定義生命意義的方式。就算只是一段小小的生活經驗分享，我們讓故事得以完整的被描繪出來，都是讓彼此生活經驗產生意義的重要過程。因為被講述，也被仔細傾聽，所以故事就不僅僅是瑣事，而是一件對彼此有意義的事。

每個故事都有個結尾，也就是故事的經歷對主角所造成的改變。你可以試著問他：「這些經驗是否改變了你呢？」「如果可以再來一次，你還會做同樣的選擇嗎？」「你之後還會自己出國旅行嗎？」「你覺得自己還願意相信別人嗎？」

你就算清楚知道一個人一整年的流水帳，但或許在總結下，他還是會歸納出一個讓人驚訝的感受：「雖然那次被人拿槍指著頭，差點喪命，但我還是會選擇一個人旅行，因為，我不想讓恐懼控制了我的自由！」

如果你聽了對方的故事，覺得特別有共鳴，那更好！請大方說出你的感受，順便分享自己的故事。透過這些實際經歷的分享，相信能讓彼此開始堆疊出更深層的共鳴和感受。

好的溝通就是：

> 說的人，要說到對方想聽；
> 聽的人，要聽到對方想說。
> ——— 佚名

第 4 步：閣樓談心

讓我們把蓋房子最終抵達的樓層，稱為「心靈閣樓」，想像成是一個溫馨的小房間，只對知心的人開放。裡面有很舒服的沙發，燒著柴火的壁爐，擺著熱可可的小圓桌。當你跟對方在「心靈閣樓」的狀態下談天時，即便外面被喧囂包圍，你們內心的感覺卻是平靜、專注的，彷彿世界上只有你們兩個。

如何拿到心靈閣樓的鑰匙呢？你要與對方創造深思的空間。

回想一下自己的經驗，那些讓你印象最深刻、最難忘的交談，往往是讓你發現新的視角，對內心產生衝擊，給你一種「豁然開朗」或「心心相印」的感覺，不是嗎？這些感覺或許很少發生，在第一次交談時更是罕見，但這並非不可能。如果 36 個經過設計的問題就足以讓人墜入愛河，那一段用心的交談，絕對能開啟深刻的友誼。

心靈閣樓，是一個有感情的思考空間。

有一種心理學使用的輔導技巧叫做「價值釐清」：透過一個設計好的互動過程，讓人觀察自己在不同生活面向的價值觀，例如：對伴侶與婚姻、家庭關係、友誼、職涯、成長與發展、娛樂、精神層面、公民生活等的想法。

你可以想像一個人的心靈閣樓中，放了許多不同顏色的瓶瓶罐罐，每個瓶罐裝的是一種因為經歷故事所淬煉出的人生價值觀。每個人放的東西或許都不一樣，重視的層面不一樣，甚至喜歡分享這些價值觀的方式也不一樣。所以如果你想要和別人在談話中找到最深層的共鳴，想要知道閣樓裡哪一個面向是他最關心的，就要先透過方法找到討論的基礎，彼此的聊天才能真正深入，產生更真實同步的好感。

有些人天生就是哲學家，他們在閣樓裡喜歡談抽象、宏觀的概念，這種人說故事的時候自然會往這個方向走。例如，從買東西討價還價的故事裡，他會開始討論人性。這時，你只要順著他的思路，陪他一起思考，也許問個蘇格拉底式的問題：「你覺得人是不是只要占到便宜就開心？」「你覺得討價但不還價，會不會讓雙方都難過？」有時候，一個有意思的問題，馬上就能讓雙方進入深思的空間。當然，這種概念哲學類的抽象談話，並不適合每一個人。

另一種心靈閣樓的談話類型，常常與個性和價值觀有關。同樣是討論占便宜的故事，對話就會落到比較個人的層次。這時你就可以和對方說：「你似乎是一個很不喜歡被占便宜的人，要是碰到不公平的狀況，你是不是會不惜一切對抗到底？」這樣的問題，就會讓對方開始反思自己的過去。他可能會告訴你：「很有意思，我從來沒有這樣想過，但你既然這麼說，我覺得如何如何……」你在心靈閣樓裡，讓他有了重新認識自己的機會。

有些人的心靈閣樓，則是充滿夢想和想像的空間。例如，當你問他：「假設有一天，你的孩子不再跟你頂嘴了，那會是什麼感覺？」他可能轉一下眼睛，想個片刻，然後給你一個很真誠，甚至出乎意料的答案。

你發現了嗎？打開前面幾種閣樓的鑰匙，都是一個好問題。

我還觀察出一種能打開心靈閣樓的技巧：如果你透過先前的聊天，或從對方分享的故事中，發現對方給你的感覺，和一開始你認識到的有所差別，這可以成為另一個值得深入的話題。因為每個人都有外界認識的一面，但也有希望別人真正認識的一面。

你可以和對方分享你的觀察，像是：「我覺得一般人看到你的時候，都會覺得你很強勢，但從剛才的故事裡，我發現你其實有很柔軟的一面。」如果你找到對方一直在追尋的、或在意的、或想為自己解釋的事，只要能抓到這個感覺，那和你聊天的人，保證會忘不了你。

以我自己來說，許多年來，很多人聽到我的名字，都會說：「啊，你就是劉墉先生的兒子！」或是：「喔，聽說你是哈佛畢業的。好厲害！後來怎麼會去當 DJ 呢？」

這些標籤，如影隨形。有一次，在某個聚會上，我認識了一個朋友，他跟我聊了一會兒，就用閃亮的眼神看著我說：「頂著那麼多光環，一定很難讓人看到真正的自己吧？」哇！這麼一句就講到我心坎裡了。我就像被啟動了什麼開關一樣，敞開心，話夾子也打開了。我很感謝他，因為我覺得他看到真正的我，或起碼，願意認識真正的我。

我們每個人都有被世界誤會的地方，都有希望為自己澄清的一面，都有希望撕掉的標籤。

我們內心深處的價值觀、想法和態度，都藏身在交談的每一句話背後。背後的人實際是什麼樣子，我們很難判斷，說不定連他自己都搞不清楚。當你得以走進別人心裡時，你不一定是真的多知道了些什麼，而是因為你展現出想要了解對方深層個性的渴望。對於大部分的人來說，這已經勝過 99% 只會跟他們閒扯淡的泛泛之交了。要踏入心靈閣樓不難，但你要先放開個人成見。人生本來就是複雜、難解、充滿矛盾的，能夠不帶批判看到這一面的人，就值得當個知心朋友。同樣的，你也應該要適時打開自己的心靈閣樓，邀請對方脫離客套，在一個將心比心的位置交談。如果能用這種態度交朋友，人緣一定會好。

用心相待，用同理心理解，用真心換真心，才是一條走進別人心坎裡最近的路。

每個人，都能聽見你的聲音，
每個朋友，都能聽懂你的話語，
唯有知己，才能讀懂你沉默的心。
——— 佚名

如何漂亮的收尾

每段對話都有開始和結束，經過一番知心的交談，離開心靈閣樓時，說不定還會依依不捨呢！結束談話前，你可以試著用「我們」取代「我」和「你」。例如從「希望下次你可以與人開心的討價還價」，變成「希望下次我們都能與人開心的討價還價」。這種代詞的微調，有很重要的含義，因為這代表你們在聊天、說故事的過程中產生共識。現在「你們」已經在同一層閣樓，同一個世界了。

當你和別人有了一段很棒的對談，在最後請記得跟他說聲謝謝，告訴他：「我真的很高興你願意跟我分享這些，因為你讓我有機會認識，別人看不到的你。」除了感謝，還可以記住這次聊天中最有意思的關鍵詞或重點，這將會變成你們下次見面時，用來啟動熟悉感的通關祕語。等你們下次碰面聊天時，提到上次的關鍵詞，對方八成會記得，而且一定會覺得很窩心！

用心交談，用心聊天，用心搭起一座座鷹架，走到哪裡，都可以幫別人蓋起故事屋。打開心靈閣樓，然後把鑰匙留給他們，讓他們開心的在自己的閣樓裡，期待你下次光臨。如果我們都能用這種態度與人交流，那我們的社交世界，就會是一個很美麗繽紛的城市。

在網路如此方便的現代，溝通變得簡易，也同時變得淺薄。能走進他人心靈閣樓的機會變得愈來愈少，一般的聊天不像主持節目，不需要為好聽、動聽負責，但是一場深入心靈的交談，真的能夠改變心情與生活，甚至改變自己。我們都應該多幫別人蓋出他們的故事屋，從別人的故事中發現更多的美，才不會把自己的小房子，看做是大城堡。

我曾經讀過這麼一段話，印象極深：

世界上有兩種人。

一種人走進你的生活，高喊：「嗨，我在這兒！」

另一種走進你的生活，輕嘆：「啊，你在這兒！」

——— 萊拉・朗德絲（Leil Lowndes）

每個人都愛聽故事，每個人生也都是動人的故事
一個聊天高手就像建築師，幫每個人蓋起自己的故事屋！

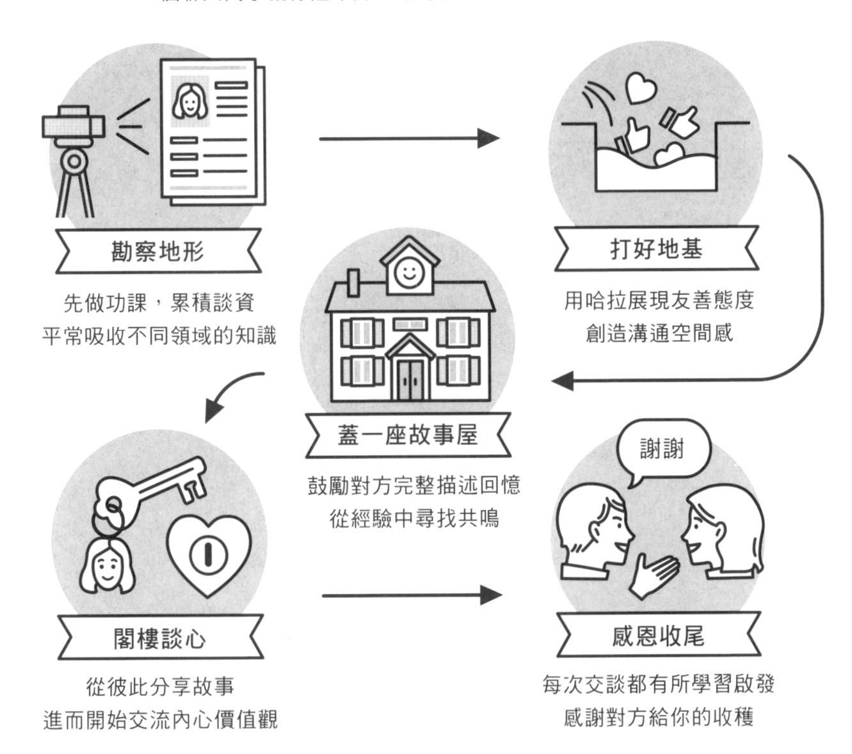

走進彼此的心靈閣樓，從故事和分享中學習人生的多元之美

part 2

Chapter4

讓自己被愛看見

心理學為我增加桃花運

十幾年前，美國有一群男生用心理學，研發了一套相當厲害的「把妹術」。概念是這樣的：在社交場合，男生會注意到擁有優良繁殖條件的女性，簡單來說，就是最漂亮、身材最好的；而女生會被氣場最強的雄性領袖所吸引。這是男女間的擇偶本能，而巧用一些心理戰術，男性就能觸發女性的潛意識雷達，讓她們認定你就是那個值得交往的領袖，不自主的喜歡上你，甚至還會為了獲得你的青睞而跟彼此爭風吃醋！

這些戰術是什麼呢？舉例來說：

- 穿著華麗誇張的服飾，好比孔雀開屏一樣展現自己，吸引他人注意。
- 誇張的肢體動作，像是與朋友勾肩搭背、擊掌歡呼，用肢體語言展現自己的威風。
- 跟女生聊天時，選擇一個能讓她們背對著門口的位置。這樣每個走進來的女生，會注意到有異性在跟你講話，而且因為只看到她們的背面，會讓別人覺得是那些女生來找你，而不是你找上她們的，因此提升你的領導地位。
- 見到特別漂亮的女生時，不要拍馬屁，反而要調侃她的穿著或長相。因為美女習慣被讚美，所以調侃反而會留下更深刻的印象。她可能會不爽，但美女身邊的村姑卻會暗爽，因此抬高你的領導地位。這時，美女會為了維持自尊，產生出想要征服你的念頭，也就造成了「倒追」的現象。

這聽起來心機實在太重了！但對於涉世未深的少女來說，還真有點作用。經過了一番實戰經驗，這些自稱 PUA（Pick-Up Artist）的男人便在網上揪團，相約去夜店獵豔。其中一位元老級 PUA 尼爾．史特勞斯（Neil Strauss）還把那幾年的瘋狂豔遇寫成一本自傳，書名叫《把妹達人》（*The Game*）。這本書登上了紐約時報排行榜，還被拍成了電視節目和電影，讓全球宅男對 PUA 社團更是趨之若鶩。

時隔多年，已婚的史特勞斯又寫了一本自傳，書名叫《把妹達人完結篇：搞定人生下半場》（*The Truth*）。他在書中坦承：那段當 PUA 的日子雖然精采，卻扭曲了他的價值觀。當每個女人都成為獵物時，他就好比禽獸，每夜追求征服肉體的快感，但最後剩下的只有空虛。他厭惡自己，情緒陷到谷底，終於因為遇見了他的靈魂伴侶而學會什麼叫真愛，重新學習尊重女性，這時才能夠經營健康、平等的男女關係。

為什麼我會跟你分享這個故事呢？

也許你看到「增加桃花運」這個標題，會覺得有耍心機的嫌疑，像是 PUA 心理戰術，但我要跟你說：絕對不是！若真的有所謂的情場必勝絕招，那我也建議你甭學。一來，那些技巧會讓你顯得很油；二來，文化不同，在歐美行得通的，在亞洲未必受歡迎；三來，用心機戰術，很可能會招來一堆爛桃花。

近年來的桃花村也有了很大的改變。現在只要開個 WeChat 搖一搖，點開 Tinder 刷幾下，身邊就不乏想交友、想聊天、想約會、想約炮的對象。但就是因為現代情場桃花泛濫，使得遇到「正桃花」相對更難。

正桃花之所以為「正」，就在於互相尊重和良性互動，即便成不了情人，也至少能成為知心好友。爛桃花雖然可以帶來一時的刺激，但是當你得收拾爛攤子的時候，就會知道什麼叫「桃花劫」了。

雖然網路蘊藏無窮想像力，遠距離有時也能培養深刻的感情，但一段感情終究還是需要見面、接觸、磨合和相處，所以在這一章，我還是會把重點放在面對面的互動場面。我希望這些建議，能幫助你展現最好、最真誠的一面，讓對方認識並喜歡真實的你，也希望你記得用自信、平等、包容的基礎來結識新朋友，才能確實增加「正桃花」的緣分。

一個誠實的人是不會單單愛而不敬的，

因為，我們之所以愛一個人，

是由於我們認為那個人具有我們所尊重的品質。

——盧梭（Jean-Jacques Rousseau）《愛彌兒》（*Émile*）

不能以貌取人嗎？

雖然都說「不能以貌取人」，但不論男女在逛社群網站時，捫心自問，誰不是先看長相呢？根據統計，在交友網站上，讓別人傳訊息給你的原因，九成取決於那張大頭照，而不是照片下面的自我介紹。

以貌取人雖然膚淺，卻是本能。從進化心理學的角度來看，美的外表等於是健康的「優質基因」代表。例如：對稱的五官、肌肉線條、健壯的身體、有神的雙眼、光亮的髮膚，這些都構成了我們基本的審美條件。

美國最大的戀愛交友網站 OKCupid，曾經做過用戶的大數據分析，發現最受歡迎的大頭貼照，有一些性別差異。例如：拍照時，女生如果不看鏡頭會扣分，但男生不看鏡頭卻沒有影響，反而可能加分；男生帶寵物入鏡會大幅加分，但女生帶寵物入鏡卻會微幅扣分；女生照片背景後面有一張床，會大幅增加男性關注，而男生照片背景有輛名車，則會大幅增加女性關注。這兩者背後的暗示，可想而知！

而男女通用的加分大頭照有幾個特點，提供參考：

1. 正在做一件有趣事情的生活照，例如攀岩、烹飪、騎馬、賽車等等。向對方展現一個充滿活力的自己，也可以吸引有共同興趣的對象。

2. 與幾個好友一起勾肩搭背的合照。證明你的社交能力正常，而且笑容絕對自然。
3. 與家人一起開心的合照。顯示你有愛心又顧家，也顯示你的家人是正常的。
4. 全身照。道理很簡單：讓你的身材一覽無遺！

根據網站統計，符合以上幾種特點的照片，比較可能會獲得異性的關注並主動聯絡。當然，無論如何還是要以「真」為最高原則，不用刻意去找一群朋友在馬場勾肩搭背，或一手抱著家人、一手抱著寵物，還同時在攀岩。

關於如何打點自己，建立良好形象的行為，在心理學中稱為「印象管理」（impression management）。早在 1946 年，心理學家所羅門．阿希（Solomon Asch）的研究就提出，人會在社交中給彼此貼上「個性標籤」，例如「樂觀」、「積極」、「叛逆」、「無趣」等等。心理學家把這些標籤分為兩大類：一種是「社交友善」程度，也就是你所給人的「溫度」；另一種則反應你的智能表現，又稱「能力值」。

有趣的是，一般人常把這兩種特質視為互斥。我們經常會把待人和善的人，視為比較缺乏能力的人；而能力強、看似厲害的人，則容易被視為難以相處。雖然對人有點不太公平，但這或許就是我們內心的自動平衡機制吧！畢竟天下沒有十全十美的人，人有長處也必有短處。

這個有趣的互斥關係，其實也給了我們很大的機會，讓我們趁機為自己的逆勢加分。如果你天生慈眉善目、個性憨厚，一般人可能會覺得你能力不強。這時候若能展現機智，則會令人刮目相看。相對來說，如果你本來就伶牙俐嘴，看起來不好惹的話，若能展現出溫柔和善的一面，也會給人留下特別好的印象。

善用感知焦點效應

印象管理除了提醒我們要展現自己的全面性，同時也要展現自己的獨特性。

人與人彼此間，難免都會比較。兩個人如果條件差距很大，選擇不難。但是當兩個人條件差不多，或優點各有千秋時，我們就會試圖從各種細節來進行比較。問題是，我們愈用理性分析，就愈會三心兩意，想得愈久只會想得愈多，想得愈多就愈難決定，最後搞不好兩手一攤：太煩了，兩個都不要啦！

這種狀況叫做「分析癱瘓」（analysis paralysis），而這種心理矛盾則被稱為「選擇的悖論」（paradox of choice）。人都喜歡有很多的選擇，但選擇太多又會陷入膠著。擇偶也是一樣，哪個女孩不會幻想自己被一群帥哥奉為女神？但如果這些帥哥全都同時向她示愛，她可能會逃去閨蜜家躲起來，因為實在是太難選了！

請記住：當你在尋找對象的時候，對方也正在找尋你。但在眾多芳草中，你又要如何成為那脫穎而出的一枝花呢？讓我們參考美國西北大學的一個研究。[1]

---

1 Ryan Hamilton, Jiewen Hong, Alexander Chernev (2007). "Perceptual Focus Effects in Choice." *Journal of Consumer Research* 34(2): 187-199.

研究中，消費者必須從家具型錄上的兩款沙發床中，選出自己比較喜歡的。一張沙發床柔軟又舒服，但較不耐用；一張稍微硬一點，但很耐用。當選擇只有這兩款沙發床時，58% 的人偏好耐用的硬沙發床，而 42% 的人選擇了軟沙發床。

接著研究團隊加入了另外兩款沙發床，這兩款在屬性上，都比較接近有 58% 的人喜歡的「耐用款」。於是耐用的硬沙發選擇變多了，而柔軟但較不耐用的「舒適款」，還是只有一張。

這次，原本只有 42% 的人選擇的軟沙發，竟然獲得了 77% 的支持，不只反敗為勝，而且還是壓倒性的差距！

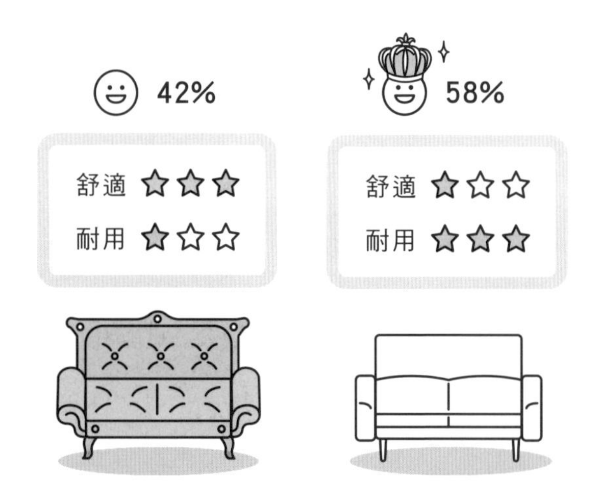

舒適 ★★★
耐用 ★☆☆

舒適 ★☆☆
耐用 ★★★

舒適 ★☆☆
耐用 ★★☆

3%

舒適 ★☆☆
耐用 ★★☆

為什麼會這樣呢？雖然一開始軟沙發和硬沙發各有優缺點，但是當類似的選擇變多時，人們反而容易注意到軟沙發的與眾不同。因為，人們會放大自己所注意的事物，並加深印象，也就很可能會轉為喜歡。心理學家稱這個現象為「感知焦點效應」（perceptual focus effect）。

同樣的，當別人發現你與眾不同時，也會留下比較深的印象，進而增加你獲得好感的可能。你可以試著這樣解讀這個結論：如果你身邊的朋友都是模特兒，而你只有普通人的身高和外表，就不要跟他們爭奇鬥豔，而是要展現出與他們不同的特點。如果你今天參加一場土豪的聚會，但自己只是個小康，那也不用打腫臉充胖子，更是要展現自己的「非物質特性」。也許你特別懂文史？特別愛閱讀？特別會烹飪？人總是有格格不入的時候，但不要因為這樣就怯場。你應該告訴自己：正是因為與別人不同，才更有機會被注意。只要自在一點，你的魅力自然會散發。

平常的你，更應該去學著接受自己的不同。也許你會在意自己的小雀斑、比別人黑的膚色，但這正是因為你很愛運動，反而是你的特色。當你能真心喜歡、接受這樣的自己時，也就能吸引到會欣賞這種特性的對象。懂得欣賞你的人，才是屬於你的正桃花。

如果你真的找不到自己特別的地方呢？不用太擔心，你需要的，只是比在場其他人多出一點點的熱情和溫暖。當你給人比較熱情、正面的感受時，別人的印象就會聚焦在這些特點。即便你不是氣質出眾、光芒四射，最起碼也會留下好印象。

對於這點，我絕對深有體悟！讓我和你分享一個親身經歷：

十幾年前，剛搬回台灣沒多久時，我受一群外國朋友邀約，去他們主辦的萬聖節派對當 DJ。他們特地提醒我：每一個參加的人都要認真變裝，而且要自己做造型，不能跑去租個道具服就打發！

當天我戴了一頂爆炸頭假髮，還特地找到一件國小學生穿的運動服，加上一副黑框書呆子眼鏡。嘿！我變裝成了小時候的自己。當晚果然所有賓客都精心裝扮，氣氛很嗨。我在 DJ 台上放著歌，台下群魔亂舞，這時忽然注意到一個女孩子，穿著毛衣和牛仔褲，在旁邊自己隨著音樂跳舞。因為她是全場唯一沒變裝的，實在是太明顯了，加上她也確實滿亮眼的。我做了件平常不會做的事：主動跟她搭訕。

「嘿！」我問她：「妳這樣穿，不熱嗎？」

「熱啊！」她說：「但我裡面就只有內衣啊！」

她的直率大方，反而讓我臉紅了！她是個很健談、很聰明的女孩，而且跟當時的我一樣，都在廣告公司上班。從聊天中得知，她本來沒有計劃要來這個派對，只不過被一個需要英文翻譯的朋友抓來現場，雖然是意外，但既來之，則安之。她聽著音樂，也自己享受的跳起舞來。後來我回去繼續放歌，直到派對結束、整理唱片準備離開時，看到這女孩在一旁休息。突然一個衝動，我過去跟她要了電話號碼。

這個女孩呢，現在就是我的老婆，我兩個孩子的媽！

正是因為她在一場萬聖節變裝派對上，既不奇裝異服，表現還那麼自在，於是她的「格格不入」讓我注意到她，而她的自在和大方，吸引了我。

情場的致勝訣竅，也是異曲同工。告訴自己：格格不入，也別擔心。出糗，也是出眾的機會！

致勝開場白

相信很多朋友可能都看過《愛在黎明破曉時》（*Before Sunrise*）這部經典浪漫愛情電影。男女主角在火車上隔著走道見到彼此，一對正在用德文吵架的夫妻走過，於是男主角跟女主角說的第一句話就是：「你聽得懂他們在吵什麼嗎？」

整部電影就從這裡開始，還延伸了兩部續集。

但在現實生活中，大部分的男女可能只會互看一眼，頂多笑一笑，十之八九不會進一步互動，然後車子到站，這段緣分也就到此為止。

認識任何人，首要就是先互動，但互動難在開頭，到底該說什麼才好？根據社會心理學的相關研究，搭訕大致可分為三種風格：[2]

第一種：調情可愛（flippant）開場白，例如：

「請問，我死掉了嗎？不然為什麼我會見到天使？」

「嗨！請問剛剛有地震嗎？還是妳震動了我的心？」

「小姐，請問我可以拍一張妳的相片嗎？這樣我才知道我生日禮物想要什麼。」

第二種：直接了當（direct）開場白，例如：

「我想了很久，還是決定鼓氣勇氣來認識妳。」

「請問妳叫什麼名字？我可以認識妳嗎？」

「我可以跟妳交個朋友嗎？」

第三種：無傷大雅（innocuous）開場白，例如：

「嘿，妳覺得現在這首歌怎麼樣？」

「妳看起來很面熟，我們是不是讀過同一間學校？」

「今天天氣還不錯齁？」

「調情可愛」的開場白，我想絕大部分的人大概都講不出口吧！這種開場白很難講得順，搞笑的成分反而比較高。第二種

---

2 Senko C, Fyffe V. "An evolutionary perspective on effective vs. ineffective pick-up lines." *Journal of Social Psychology*. 2010 Nov-Dec; 150(6): 648-67.

「直接了當」的開場白似乎不錯，但也需要一些勇氣。而最適合內向人的「無傷大雅」開場白，似乎也有點牽強。到底哪一種效果最好呢？

統計顯示，直接了當的開場白是最可能被對方接受的，無傷大雅的其次。調情可愛的開場白最容易被打槍，但碰對了人，反而效果最強。其實，每一種開場白都有使用條件，若你選擇直接了當，請記得要配上自信不退縮的對視，充分讓對方感受到你的誠意。選擇從無傷大雅入手，最好要能讓話題延續，不要一時沒得到回應就落跑。那麼調情可愛的致勝關鍵呢？老實說，男生最好自信破表，再加上長得帥吧！但也有研究顯示，這類開場白用在某些場合，例如夜店、酒吧，也比較能吸引那些尋找短期戀情的對象。

以上研究，都是針對男生對女生的開場白。至於女生，研究發現：只要妳敢開口，男生通常都會給與回應。

如果你不擅長開口，我會給你兩個建議：當你看上一個人時，可以先從他身上的衣服或飾品來找話題。比如說，你看到一個人戴著尼克隊的帽子，就可以試著問他：「欸，你也是尼克隊的球迷嗎？你覺得林書豪如果還待在尼克隊會有什麼發展？」或者，假設你認出對方穿的是某種限量版球鞋，你可以問他：「哇，這雙鞋讓你排隊等了多久？能買到實在太厲害了！」將對方身上的某一個特徵，和自己理解的經驗與知識連結，會更好上手。

最後，讓我分享一個倫敦大學的研究。

經過統計分析，他們找到了成功率最高的開場白。你知道是什麼嗎？準備好了嗎？這句話就是：

「嗨！你好嗎？」

是的，就是這麼簡單！但一點也不意外，因為重點不是你說什麼，而是你說得自不自在。由此可知，只要你真誠、帶著微笑，真心想認識對方時，人家感受到你的友善，最起碼也會禮貌回應。如果他沒有，那問題在他，不在你。今天沒認識你，是他的損失！

埋下意猶未盡的伏筆

美國史丹佛大學曾經分析了將近一千對男女，在約會時的談話，以及約會後對彼此的好感度，發現只要 4 分鐘，就足以讓雙方產生好感。[3]

而什麼樣的語言能夠最快速建立好感呢？

第一種，是能表現出欣賞或感謝的語言：「哇，你真的很厲害！」「恭喜！我真為你高興！」「下次有空可以請你教我幾招烹飪的技巧嗎？」

第二種，則是富有同理心的語言：「你的貓去世，今天一定很不好過，讓我給你買杯咖啡吧。」「要照顧家人，還要忙工作，實在很容易讓你忘記自己的快樂吧！」

研究也發現，「打斷彼此」的對話，竟然也能製造意想不到的好感。但這是一種特殊的打斷，必須是出自於：當你因為太感同身受，想直接幫對方說完他原本正要說的話，所以情不自禁的打斷對方。這時，如果剛好說中對方內心的話，是能立即打開心房的！

---

3 Mcfarland, Daniel A., Jurafsky, Dan & Rawlings, Craig, (2013). "Making the Connection: Social Bonding in Courtship Situations." *American Journal of Sociology*, 118(6): 1596-1649.

還記得《冰雪奇緣》（*Frozen*），這部史上最賣座的動畫片嗎？當安娜公主對漢斯王子一見鐘情的時候，他們合唱了一首歌，叫〈愛要說出口〉（Love is an Open Door），歌詞中就有這麼一段，兩個人一直打斷彼此，而這一小段對唱，也在短短兩分鐘內，就讓觀眾立刻體會到他們之間的感情升溫：

漢斯：我陷入瘋狂

安娜：什麼？

漢斯：想要為你打開……

安娜：我心房

漢斯：這就是我想說的！

安娜：沒有人能和我

兩人：如此心意相通

兩人：打勾勾，別賴皮！

兩人：不須解釋，異口同聲

兩人：怎能如此情濃難分

漢斯：你

安娜：和我

漢斯：下

安娜：下

兩人：定決心！

設想，如果你遇見一個人，剛聊沒多久就能幫你完成心裡要說的下一句話，深深了解你的內心，你能不愛上他嗎？

這種近乎「讀心術」的契合度，不是不可能辦到的！透過「積極聆聽」的技巧，在高度同理心的狀態下，兩個人確實很容易幫彼此完成句子。

友情的開始，就是靠這麼一句：
「什麼！你也跟我一樣？我以為我是唯一的怪胎耶！」
——C‧S‧路易斯（C.S. Lewis）

假設今天你們兩人是第一次見面，相談甚歡，但只有幾分鐘的交談時間，你也可以埋一個「哏」，為下次的聊天埋下趣味的伏筆。

我有個朋友，在一個很多外國人的聚會上認識了一個男生。那天，他們剛好在談旅遊，我朋友就說：「你有沒有發現，德國人特別喜歡穿白襪配上勃肯拖鞋？」他們還特地在現場找了個德國人，證實了確實有這回事。

後來他們再碰面時，我朋友便說：「這麼巧，我最近路過勃肯鞋的店面，還剛好想到你呢！」男生馬上回她：「對啊，我今天就看到了三個德國人！」

這就成了他們共同的語言，一個「哏」，立刻就拉近距離。所以，試著留下一個未完的話題，製造下次見面才能再驗證的事情，像是電視劇的結局、大選或球賽的結果。把這些事情變成只有你們知道的密語，當你們下次再見面時，就可以利用這個關鍵詞，把交談從上次連結到這次。

讓人墜入愛河的 36 個問題

心理學家亞瑟·艾朗（Arthur Aron）於 1997 年，在《人格與社會心理學學報》發表了一篇研究，根據特別設計的 36 個問題，建立一個互相交流的脈絡。據說，只要兩個人按照這 36 個問題對談後，再凝視彼此的眼睛三分鐘，就會立刻不可自拔的陷入愛河。

真的有這麼神嗎？有不少人試過，網路上還有紀錄片，而且我身邊有好幾對朋友也都試過，據說後來真的就在一起了！這到底是什麼魔法、什麼原理？

讓我們一起來看看這 36 個問題的其中幾項：

第 1 題：如果有機會選擇的話，你希望邀請誰來晚餐？

第 2 題：你會想要出名嗎？如果是的話，你會想要用那種方式成名？

第 12 題：假使明天起床後，你將能夠獲得一種超能力，你希望是什麼？

第 30 題：你上次在別人面前哭是什麼時候？自己一個人哭又是什麼時候？

這些問題的特點就是：

1. 都是開放式的問題，不是簡單回答 yes 或 no，而是要給一個較完整的答案。
2. 一開始的問題比較抽象、帶有趣味，愈後面就愈深入，愈問就愈進入內心。
3. 當兩人問到最深層的問題時，已經循序漸進，和對方分享許多內心話和價值觀，到最後幾乎要掏心掏肺，把最脆弱私人的一面分享給對方。這時候，你想不跟對方談戀愛也難，因為這根本就是把談戀愛的交心過程，濃縮在 36 個問題中！

這份研究，進一步區分了什麼是日常常規的談話，什麼是富有意義的「真實自我揭露」（self-disclosure）。心理學家認為好的自我揭露，首先要把自己當成是個有意義的個體，然後真實分享那些我們深覺重要，或只透露給親密對象的事情。透過這類有意義的談話，層層揭露自己，雙方會變得更加親密。

這些問題運用了趣味的技巧，談到深入的自我，而我們也能用同樣的邏輯來設計自己的談天。舉例來說，你不會問一個剛認識的朋友：「對你來說，生命最重要的是什麼？」但你或許可以問：「如果你知道這週六將有顆大隕石要撞上地球，我們都會跟恐龍一樣被毀滅，你接下來幾天最想做的是什麼？」

談戀愛的過程，就是認識並愛上對方的內心。一個懂得運用這些技巧、提出趣味問題的人，會讓聊天變得很有趣，又特別深刻。這需要一點鍛練，一般人不太可能有機會一次問完 36 個問題的完整脈絡，但你或許可以參考這份清單，挑一些自己特別喜歡的問題，下次跟別人閒聊的時候，就不怕冷場了。

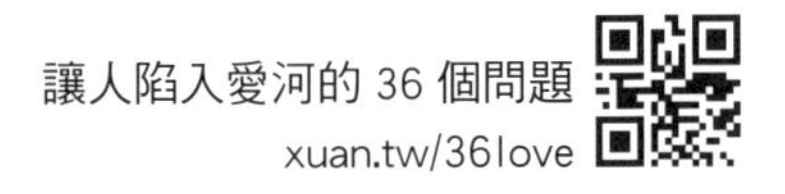

享受同一個節奏

許多研究顯示，當人們一起完成一件事時，好感度會提升。例如一起爬山，達到山頭的感覺很棒；或是報名烹飪課，一起完成一道很好吃的料理，也是雙贏；一起完成一份困難又費時的報告後，可能就沿途開始打情罵俏了，這在同學間很常發生。

不過，在這裡我也必須提醒：邀人去做一件事，不要只為了展現自己的厲害。很多人都會搞錯這一點，想要透過約會活動展現自己的能力，但約會的重點應該是開心的相處和交心的互動。不要急著展現優越，而是要透過合作製造默契。

心理學研究也意外發現了另一個奇妙現象：「一起做同一個動作」（moving together），竟然也能讓好感度加分！德國就曾做過一項研究，讓一群彼此不認識的四歲小朋友，隨著音樂一起唱歌跳舞。之後，讓他們在一個需要相互合作的遊戲上，學者發現：有一起跳舞的小孩，會更願意幫助新認識的朋友。相較於沒有一起跳舞，只是一起玩耍的小孩，合作意願的竟相差三倍之多！[4]

如果孩子會，那大人也會。一起跳舞、一起散步，一起在球賽嘶吼為球隊加油。當兩個人的肢體動作能一致配合時，就會莫名對彼此產生好感。核心在於這種感官動作上的「同步」，這需要我們適度放掉自己的堅持，認真觀察彼此的動作，把合作放在優先順位。就跟談戀愛一樣，唯有在真正考量到彼此的需求時，才能獲得真正的平衡與幸福。想想看，如果有人願意自動自發滿足你的需求，你是否會對他充滿好感，對相處充滿期待呢？這也正是我們啟動桃花的重要機制。

---

4 Kirchner, S, and M. Tomasello. 2010. "Joint Music Making Promotes Prosocial Behavior in 4-Year-Old Children." *Evolution and Human Behavior* 31: 354-64.

所以，你可以尋找與對方合作的機會，創造共同的節奏，一起去健身房，跳個 Zumba、踩個飛輪，去演唱會揮舞螢光棒，或一起遛狗、一起慢跑，在同步的節奏中，讓心跳撞出更多撲通撲通的火花。

關於緣分這件事

最後，我們來討論一下「緣分」。

在華人社會中，我們會常說兩人認識是因為彼此有緣分，認識後也總是會想：「到底跟對方有沒有那種緣分？」

當人們認定彼此有緣分時，對關係的期待和容忍度都會比較高，相對來說，當人們認定彼此沒有緣分時，基本上就等於告吹。有沒有緣分這件事，顯然是我們用來說服自己，是否該投入力氣經營彼此關係的核心考量。

許多針對華人的心理學研究都發現，東方文化經常會用「緣分」這個字眼，來描述彼此關係是否有進展的可能，甚至被多數人當成是維繫關係的基礎。有趣的是，有沒有緣這件事情，不一定取決於當下聊不聊得來，反而跟那些我們平常沒注意到的共同體驗、興趣、喜好、背景等更相關！

偶然得知，會讓我們內心不禁發出「好巧」的驚嘆，這種巧合的感覺也很容易被解讀成緣分。

回顧前面的步驟：一個好的開場，再加上持續有意義的分享，不就是我們努力想要讓對方覺得「我們好有緣分」的過程嗎？因為彼此的同步，也代表著關係達到契合的狀態。而尋找並加深共同點，也能形成有緣的巧合、命中注定的感覺。

學者也發現，我們會根據第一次見面的第一印象來判斷是否與對方有緣分。這不一定跟長相或個性有關，我們還是有機會透過產生共鳴來達到有緣的感覺。

反之，當對方跟你總是話不投機，各講各的，自然也會把這種感覺總結成「沒有緣分」。一旦被劃入「絕緣之地」，也就很難成為對方心中的桃花了！

有些人看似條件匹配，但與他們相處總是會讓你覺得緊張、講什麼都必須硬找話題、在他身邊有一種無法做自己的壓迫感，或許你還是會花許多時間嘗試與這樣的人交流，但或許費了一番力氣後，你就要反問自己：是否有些緣分無法強求？想找到跟你真正合拍的人，就應該把寶貴的時間，挪出來尋找真正能欣賞你、了解你、讓你做自己的有緣人。

你可以先觀察看看，身邊的緣分都發生在哪裡？那些你覺得特別有緣的人，與你的互動模式是否有些特點？或許不難發現，當你覺得特別有緣的時候，一定是你覺得跟他有一種說不出的默契，或句句投機、同步感一致，這樣的特點也是我這一章裡想要傳達的。

別忘了，雖然「緣分」兩個字很容易被解讀為命中注定，但許多部分仍操之在你自己的心意和付出。能不能遇見正桃花或許靠命運安排，但是否能讓人感覺和你有緣，判斷對方與你是否能夠心靈契合，這個選擇權，至少有一半掌握在你自己手裡。當你有了好的認知，有了好的心態，展現自己的溫暖和自在，那正桃花必然會隨之而來！

不要坐等愛情的到來，因為你將等待一生。

——英文諺語

正桃花不是等來的

每個擦肩而過的人都是緣分，如何從眾人中讓自己被注意
讓自己的特點被欣賞、快速交心，才可能找到值得交往的好對象！

男：進行有趣的活動＋寵物
女：甜美笑容好氣色＋家人

讓自己脫穎而出

避免被同化！
善用「感知焦點效應」
來強調自己與眾不同的特點

哈囉
你好嗎？

簡單真誠的介紹

統計顯示愈簡單的開場愈好
注意對方的衣物與配件
尋找共同話題

同手同腳動起來

一起完成一件事能夠增加默契
若能兩人同步行動，好感更加分！

剝洋蔥式的對話

透過趣味的問題和故事的分享
一層層深入了解彼此的價值觀

Chapter5

談一場新世紀羅曼史

心理學教我的情場價值觀

講到談戀愛，我爸媽真是前衛，他們跟彼此結過兩次婚，中間只隔了八個月。

第一次，老爸一大早衝進教室問同學：「誰帶私章了？」

有兩個人舉手。

「走！」老爸拉著他們往外跑：「去法院，幫我和我女朋友蓋章，下午公證結婚！」

當時是師大美術系三年級的素描課，老爸班上的同學一齊把畫架推倒，發出地震般的巨響，代替慶祝的鞭炮。幾位女同學到校園裡偷花，紮成一把，當成是新娘捧花。老爸在法院門口，攔住一個背照相機的路人，聽說裡面還剩兩張底片，於是以法院為背景，拍了珍貴的結婚照。然後，他們在龍泉街請同學吃牛肉麵，成為真正的「喜宴」。

結婚的消息一傳開，許多親友都跳了起來！循眾要求，我爸媽不得不再公開辦一次喜宴，演出第二場婚禮。據說場面相當熱鬧，席開數十桌，由詩壇元老證婚，還有朗誦隊的獻詩。

我媽笑說：「真有幸，第二次嫁得比第一次好。」

我爸則說：「第一次才算數，因為是自己決定的！」

我爸媽真可說是走在時代的前端，還真大膽！但我也不遑多讓，因為我和我老婆連婚禮都沒辦。

我在法國跟老婆求婚之後不久，她就懷孕了。當時連忙趕著計劃婚禮，一度把自己搞得很焦慮。後來，我們乾脆鼓起勇氣問長輩：「一定要辦婚禮嗎？」沒想到雙方家長竟然都說：「我們不需要花錢擺場面，你們快樂就好！」

於是，我們就說好了：專心準備迎接新生命，結婚十週年再舉辦慶祝派對，到時候還可以讓自己的小孩當花童！老爸則以我和老婆的名義，響應聯合勸募協會的「喜上加喜婚禮捐」，與社會分享我們的喜悅。[1]

感謝岳父岳母、老爸老媽，讓晚輩能以選擇自己的幸福為優先。也感謝寬心大方又前衛的老婆，我們一定會把十週年派對辦得十分精采，並且拍一套美美的婚紗照！

規矩會變，愛不會變

約會吃飯看電影、情人節送玫瑰花、單膝求婚獻鑽戒、新婚之夜鬧洞房……停下來想想，我們不免會好奇：這都是哪來的規矩呢？

每個習俗都有典故，但隨著時代，習俗會變、傳統會變、連法規也會變，唯有一件事不變：每個人都需要「愛」，也需要「被愛」。

---

1 該專案從當時推出到現在，不少新人也選擇用這個方法與社會分享幸福喜悅，我們全家推薦！參考連結：https://www.unitedway.org.tw/togive/7?reset=1。

這幾十年來資訊革命、鄉村都市化、中產階級興衰、性別平權等等，都影響了我們的社會、人與人相處的方式，以及感情世界的遊戲規則。有時候我們發現自己夾在不同世代、不同文化的價值系統間，難免會感到衝突，很難確定什麼才是對的。即便聽取自己的內心，也往往充滿了雜音。

在這一章，我選擇了三個現代社會的現象，分析這些現象對現代情侶的影響：行動網路與個人隱私的問題、選擇對象太多對於專情的挑戰、現代男女在金錢觀上的改變。談戀愛不難，但也很難；不應該那麼嚴肅，同時又很嚴肅。正因為許多人覺得愛情不合邏輯又難以捉摸，所以我們更是要理性看待，才能認識自己也認識對象，在這個矛盾的時代過得更自在。

價值觀就像指紋，每個人都不同，

而我們做的每件事都會留下痕跡。

——貓王（Elvis Presley）

關上潘朵拉的盒子

根據國際電信聯盟的數據，全球至今能上網人口的比例為47%，換算約35億人。這表示在這個當下，全球有35億人能透過各種有線和無線設備聯繫到彼此。雖然還有一半的人無法上網，但回頭一看，1995 年，網路人口只有 1% 而已！網路的普及化，是現代社會最大的一項變化。

網路改變了我們尋找伴侶的方式。以前，情侶多半是透過朋友介紹而認識的，但在這個年頭，愈來愈多人是透過網路尋找戀愛對象，而在同性戀間，這個比例已經高達七成。根據《現代羅曼史》（*Modern Romance*）這本書的調查，跟上一代相比，現代人對戀愛對象的搜尋即廣又深。線上約會產業興起，讓人同時能認識許多對象，但現代人也更積極尋找「靈魂伴侶」，可能也是因為機會變多了，讓我們更有希望能找到真命天子。

科技生活也改變了情侶間的互動。我們從寫情書到打電話，從打電話到傳簡訊，再從傳簡訊到即時通訊，最大的不同就是「速度」。今天你問另一半心情如何時，哪怕隔著半個地球，也希望立刻得到對方回應。這種即時性不免造成一種隱形壓力，往往讓人來不及三思，也可能會措手不及。

我們每天接收的訊息量暴增，傳送出去的訊息量也暴增，其中難免會有不小心的時候。

我有個朋友，之前一直聲稱已經跟女友分手，不久前他從日本打卡，發了一張富士山的照片。偏偏他「前女友」當天也發了一張富士山的照片，一看就是從同個角度拍的。兩人的共同朋友，馬上就知道他們是一起偷偷去旅行了。

還有個老同事，前陣子帶貓去看病，在診所認識了獸醫，很欣賞他的專業，就互相加 LINE。某天，他看到獸醫上傳自己準備結婚的照片，一看才發現自己認識那位新娘。只不過，新娘在他的社交圈裡，卻一直宣稱自己是單身，還同時跟好幾個男生搞曖昧！

就像沒有不透風的紙，網路世界很難有真正的隱私，凡走過必留下痕跡。網路世界的個人隱私，成了不少情侶的爭執點。

我自己就在我的粉絲專頁上做過一個非正式的鄉民調查，純粹好奇！想了解一下每個人對感情中的「隱私權」有什麼想法。我發出了兩組問題，關於「情侶間該不該看彼此的手機」這個問題，有 36% 的人認為應該，64% 的人覺得不應該。至於「是否願意給另一半看自己的手機」這個問題，有 69% 的人認為可以，31% 的人卻不太樂意。

我相信，每個人對這道題目，都會有很強烈的個人立場。

「當然要看！如果他不給我看，我要怎麼信任他？」

「當然不能看！這是我的隱私權，憑什麼要給他看？」

在一邊，我們有「隱私權」的維護，而另一邊，我們有「信任感」的考量，到底哪個比較重要呢？

2016 年，韓國三星在英國做了一項調查：2000 位受訪者中，有 56% 同意：「分享帳號密碼，是一種真愛的表現。」其中 1/3 的人已經擁有對方的手機密碼。有 54% 表示，如果對方不願意給他們密碼，會令他們起疑。

同一項調查也發現：10 個人裡，有 4 個平常會偷看另一半的手機。而這群人中，竟然 10 個有 6 個曾經發現對方偷吃的跡象，比例高到非常驚人！

不過，這項調查並沒有明確定義什麼叫做「偷吃的跡象」。一張彼此靠得太近的自拍？看似甜蜜的問候？半夜發來的訊息？當然，這不是在為誰狡辯，許多人會說：「是不是偷吃，自己心裡有數！」但當你用法官問案的態度，在跟當事人對質的時候，無論你是假設他無罪，還是假設他已經犯罪，起碼有一點是確定的：當你找到可疑的訊息時，已經破壞了戀愛中的信任感。而如果你是偷看他手機時發現的，那更是同時破壞了他對你的信任感。

驗證性偏誤（confirmation bias）是人類最根深柢固的一種偏見。在這種偏見下，我們會更注意那些符合我們預設立場的訊息，也會自動忽略不符合預設立場的訊息。換句話說，如果你已經懷著疑心來調閱對方手機的話，那幾乎可以保證你會發現一些「可疑的跡象」。

數位時代的訊息特點，就是多元、大量又片面，往往只憑一張圖、一段對話，是無法代表整件事的。有位日本網紅就曾經借用道具，玩一些視角和錯位，拍出一系列名為「一個人約會」的爆笑照片，乍看下活像是兩人在甜蜜交往，但其實是自己餵自己吃東西。他的作品是一種對「數位存在感」的反諷，但也帶出一個觀念：事實不一定是眼見為憑。

說了這麼多，其實我只是想告訴你，無論兩個人是多麼坦蕩，對彼此毫無隱藏，但只要你偷看對方的手機，那保證只會帶來失望！

此話何解？

因為，當你發現可疑的東西，你會對另一半徹底失望。如果你沒有找到可疑的東西，那還是會對自己失望。「我是不是找得不夠仔細？」「我是不是不該找？」「我為什麼要想那麼多？」這些結果，無論對你、對他，或是對你們雙方，都會帶來負面的感覺。

三星那項調查也發現：偷看對方手機的人裡，有 1/3 都發現過對方正在準備的浪漫驚喜。於是，你內心愧疚，不但得假裝沒看到不說，要是被對方發現你偷看，就會更掃興、傷害更大。總而言之，當你選擇去偷看對方的手機，因此而感到更快樂的機會，是微乎其微。所以你為什麼要去做一件擺明讓自己不開心的事情呢？

我知道，一朝被蛇咬，十年怕草繩。也許你忍不住想看對方手機，是因為你以前經歷過背叛和偷吃，內心缺乏安全感。但在這裡我要告訴你一件事，聽了可能會有點不舒服，但卻是實話：安全感是你自己內心的問題，自己的問題，不能要求別人來解決。

讓我再跟你分享一個研究，或許能夠更加說服你。根據一份很嚴謹、長達五年的追蹤調查，愈是在婚姻中對安全感產生焦慮的夫妻，愈容易造成出軌偷吃的行為。學者的結論是：「這種焦慮狀態對兩人間親密感所構成的威脅，足以增加雙方尋求其他對象的可能性。」[2]

而美國《溝通期刊》也發表了一個研究：如果情侶間不插手管對方與誰聯絡、與誰聊天的話，彼此對感情的滿意度，會比那些控制與規定彼此的情侶來得高。[3]

---

2 Russell, V. M., Baker, L. R., & McNulty, J. K. (2013). "Attachment insecurity and infidelity in marriage: Do studies of dating relationships really inform us about marriage?" *Journal of Family Psychology*, 27, 242-251.

所以如果你問我，我的建議是這麼回答:「為了讓你信任我，我願意給你看。不過我還是必須跟你說，你可以看，但是你不應該看。」

即使對方讓你看他的手機，我建議你也最好不要打開這個潘朵拉的盒子。因為這個盒子裡，沒有能夠讓你快樂的東西，打開後，反而可能會引起一連串無法收拾的後果。

如果你缺乏安全感，不能不看的話，那麼我建議你找個機會，與另一半坐下來好好溝通。但你們討論的話題不應該是手機密碼，而是你們要如何建立安全感。坦白的和對方說：「我很想看你的手機，我盡量克制自己不去看，但我心裡很不舒服，我們該怎麼辦？」坦承你自己在安全感上的弱點，不要把自己的弱點變成攻擊對方的武器。

安全感終究是主觀的感覺，而感覺有很多方法可以培養。真正的問題不是手機，而是你心中對於感情的信任度。

信任，絕對是現代世界中，我們內心最渴望的事情，隨著關係建立愈來愈容易，信任也變得更加重要。在心理學中，信任被分為「認知上的信任」與「情感上的信任」。

---

3 Miller-Ott, A. E., Kelly, L., & Duran, R. L. (2012). "The effects of cell phone usage rules on satisfaction in romantic relationships." *Communication Quarterly* 60(1), 17-34.

認知上的信任是指，我們相信對方可以協助我們得到想要的結果，所以認知信任講求的，是一種可以依附對方，獲得自己渴望的心理狀態。但情感上的信任卻不同，情感信任奠基在互相交往與彼此吸引的基礎上，情感上的信任更能反映感情中「一體」的感受，也就是去相信對方可以帶給自己溫暖、或情緒上的滿足。回頭想想，在這個時代，想掌控對方的行蹤、隱私或許非常容易，我們可以用軟體來追蹤一個人整天的狀態，但這些真的能幫助我們加深情感上的信任嗎？還是反而讓對方抗拒、扣分，為感情帶來負面效果？

請先自問：你對愛情的想像是什麼呢？你是重視愛情中的熱情、承諾還是親密感呢？不論你重視的面向是什麼，都不難發現，信任感的維繫，是達成這三種成分的根源。人們會因為信任而更願意接近對方，以達到親密感；因為信任對方，在內心得到足以維繫承諾的安全感；也因為信任，讓我們在與對方相處時，充滿快樂和滿足，藉此維繫愛情中的熱度。

為了獲得更快樂與自由的戀愛，你必須信任對方，也信任自己。改變的第一步，就從關上那個潘朵拉的盒子開始吧！

最適合跟你談戀愛問題的人，

是正在跟你談戀愛的人。

——網路名言

保存愛情的新鮮度

有個人走在沙灘上，想找一顆最漂亮的貝殼帶回去收藏。他想，滿沙灘都是貝殼，這應該很簡單。但是找著找著，因為漂亮的貝殼實在太多，直到天色黑了，自己累了，都沒辦法做決定。最後，那個人只好失望的空手而回。

我們，都彷彿生活在這樣一片沙灘上。

人口紛紛離開鄉村，湧入城市，這是全球各地都在發生的趨勢。以上海市來說，60 年前人口 620 萬、50 年前成長到 1,080 萬、十年多前 1,640 萬，到了 2016 年，已經有將近 2,500 萬人住在這座超級城市裡了。

弱水三千，該怎麼找到自己想要的那一瓢呢？現代人都有難以抉擇的時候，尤其當選擇太多、自由太過時，反而變成一種壓力。尤其在尋找伴侶、談戀愛這方面，我經常看到許多人做不出選擇，或不敢做選擇，搞得自己非常苦惱。就像那個在沙灘上白白浪費一整天的人，選擇太多，反而造成「選擇恐懼症」（decidophobia）。有選擇恐懼的人不敢做出選擇，不敢承擔選擇的後果，最後往往把選擇權交到別人的手裡。

從前的時代，人們是嫁雞隨雞。到了現代，卻變成騎驢找馬。看看身邊的朋友、親人，再想想自己，總讓我不禁好奇：現代人真的比較難定下來嗎？誘惑這麼多，是否更難專情？

從前的社會，人們都在一個小村落裡，張三李四大家都認識。圈子小、朋友少，人人都很在乎風評，但連在那種環境下，還是有人冒險偷情。到了現代，城市人口愈來愈多，社會風氣似乎也愈來愈開放。加上現在有非常多場所，能讓男女近距離認識接觸，確實增加了許多曖昧空間。

這種劇情，天天在上演：兩人在一起久了，生活平淡、安穩、無趣，某一天，「她」遇見了「他」。他激起了她心中的火花，讓她的心跳回到青春的速度，讓她那迷失已久的小鹿又開始亂撞。「她」跟「他」還有之前的「他」，到底該怎麼選擇、怎麼自處呢？當然，這裡的「他」或「她」都可以自由代換。

「愛情有保鮮期」這句話倒還真有所本，在心理學有個概念叫「快樂適應現象」（hedonic adaptation）。

什麼是快樂適應現象呢？假設 X 代表時間，Y 代表快樂指數，當好事發生時，快樂指數就會飆升，但過了一段時間，還是會回到原來的水平。相對來說，當壞事發生時，快樂指數會直線下降，但過了一段時間後，也終究會回到接近原本的水平。

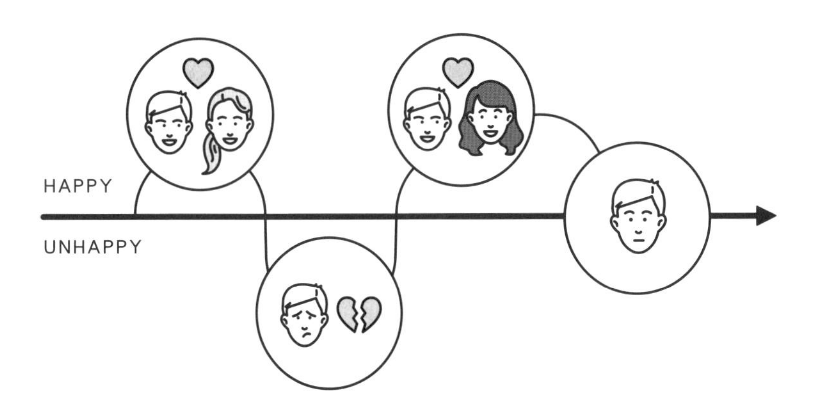

你可能覺得我舉的例子很極端，但在 1978 年有個經典的心理學研究，就以兩組人進行追蹤：一組是樂透得獎者，一組是意外終身癱瘓者。研究發現，雖然在短時間裡這兩組分別產生很大的情緒改變，但過了一段時間，再進行調查，這兩種人的快樂指數和對生活的滿意度，竟然跟「一般人」幾乎沒有差別，而這段「快樂適應」的時間，只有一年多而已！[4]

所以「時間會治療一切」這句老話，確實是真的！某天你失戀時，當下會覺得世界都要毀滅了。但只要你熬過一段時間，自然也會走出來。相對的，每次你在熱戀時，那種覺得陽光特別燦爛、腳像踩在雲端似的感受，過了一段時間後，自然也會落回地平線。

許多愛情的問題，就是出在這裡。

以前的時代，分手離婚並不是那麼容易，夫妻過了熱戀期，還是得接受現況，努力相待一生。許多人也在過程中學會忍受彼此，在磨合中找到互相依靠的方法，所以我們看自己的父母、祖父母輩，發現即便他們經常頂嘴、吵架、抱怨，但還是深深關心彼此。

---

4 Brickman, Philip; Coates, Dan; Janoff-Bulman, Ronnie (1978). “Lottery winners and accident victims: Is happiness relative?” *Journal of Personality and Social Psychology*, Vol 36(8), Aug 1978, 917-927.

但現代人每當在感情上遇到挫折，難免都會跑出一個念頭：「天涯何處無芳草，何必單戀一枝花？」尤其，我們身邊總是充滿機會和對象，與讓人感到回春的新歷險。

這其實是大自然對人類的設計，遇到新對象，確實會產生某種程度的「回春」效果。人們天生就有去尋找新對象、求偶、為愛奔波的天性。每個哺乳類動物生產時所分泌的催產素（oxytocin），會讓母親對孩子產生極深的情感連結。無論是「回春」或「母愛」，這些設計都是為了促使動物繁殖和育嬰。於是，我們有了延續生活、生命的動力。

但是，大自然卻似乎忘了為我們設計一套，鼓勵柴米油鹽平淡生活的機制。

我必須以心理和生物學的論點，點破這個真相。如果你認為「熱戀」的感受才是真愛，對不起，你遲早會有失落感！許多人總是不斷追求新對象，只為了喚起那種興奮的感覺。談戀愛時的征服與被征服感，確實令人上癮。現代社會充滿許多感官刺激，各式各樣的風貌如同迴轉壽司般出現在我們眼前，但每件事情也都消逝得比以前更快。因此我們要對抗的，不再是事情是否能引發我們的悸動，而是現代生活中這樣的精采與悸動，還能夠在我們心中維持多久。

薛爾頓（Sheldon）和柳波莫斯基（Lyubomirsky）這兩位心理學家所提出的「快樂適應預防模式」，其中有兩個關鍵點。

第一個是「變異」。我們常說「多給生活一點不同的色彩」，當我們定期經歷新奇的事物，給自己新鮮的體驗時，就能延長快樂適應的時間。若能實際在感情中創造一些新變化，例如找一家沒吃過的餐廳約會、去一間新的戲院看電影、定期規劃一趟異國旅行，也能讓自己平常的幸福感持續得更長。

第二個是「欣賞」。不是為了在生活中創造新的刺激，而是在內心創造新的意義，也就是試著「換個角度看待事情」。去關注一些過去你沒有關注的點，你會發現一些新的意義，不會把愛情中的互動視為理所當然。欣賞，是一種花心思去發掘、品味的過程，有時候還會為你帶來感恩與感動。

如何保存愛情的新鮮度，是我們現代人的重要課題。不論你在意的是親密感、熱情或是承諾，試著創造「變異」，產生「欣賞」，都有助於維繫感情。當選擇太多，改變太快時，我們也可以試著改變自我，而不是一心只想著改變對象、不斷為愛情尋找新的機會。

任何一個人能在物質上提供的，我都能給我自己。
所以如果你要寵我，就是要給我時間，給我體驗！
——網路「新物質女孩」宣言

心誠則靈的金錢觀

相信許多朋友的父母都和我的一樣，頗具節儉的美德。還記得上次回紐約家裡時，看到我父母親終於把電視機換成大螢幕的 LED TV，但當我拿起遙控器時，赫然發現，上面竟然包了層保鮮膜！

那不是原本的保護貼沒撕下來，而是他們自己再包的喔！保鮮膜讓整個遙控器摸起來很不對勁，好比坐在一個罩著防塵套的新沙發一樣。在我的觀念裡，遙控器本來就是消耗品，壞掉再買新的也不是筆大錢。我的父母也一定知道，但這是他們從年輕時就養成的節儉習慣，並沒有隨著收入增加而改變。

對於金錢也是一樣。許多事，看似是一種物質，但其實是一種態度。就像我們在少年、青年、壯年、晚年看待金錢的態度都有所不同，不同世代也會有所不同。光是在搖控器包膜這點，就顯示出截然不同的價值觀。

網路上有句話，描述得很中肯：「上一代最擔心的，是無法完成任務；這一代最害怕的，是錯過當下的美好。」

你是認同上一代，還是這一代的價值觀呢？你是被灌輸「有車有房才有資格成家」、「有土斯有財」，繼承了父母親儲蓄的觀念？還是比較認同「人生苦短，錢也帶不到天堂，寧可享受當下」的想法？

這個價值觀影響了我們每天所做的決定。研究顯示，談戀愛時，如果雙方對於金錢的看法不同，且沒有溝通、沒有達成共識的話，很有可能會變成導致爭執和分手的原因。

近年來，還有一個社會變化，就是女性在職場的地位逐漸提升。雖然還沒有達到百分百的平等，但我們正力求往這個方向發展。

對許多女性來說，大學畢業後開始工作，結婚後還繼續當職業婦女，是一件很常見的事。以前，男人在外賺錢、女人顧家，但現在也有不少男人顧家、女人在外工作，這種角色互換的情形也開始被社會接受。

從前男女生約會時，一定都是男生付錢，因為主要都是男生在賺錢，但現在就不見得是如此了。男生可能因為要當兵而晚進入社會，剛開始的收入還可能比不上同齡的女孩子。這時候，在約會時，都還是應該要男生付錢嗎？

有些女生表示，約會時應該各付各的。她們的論點是：「既然要公平，就不能讓男人覺得女生需要被招待。」在我的觀察中，即便是在講究性別平權的歐美社會，持這種態度的女生還是少數。

相對來說，也有不少女生認為：「男生要追我，約會就應該由他付錢。」她們還會搬出進化心理學的理論：男人在追求對象時，會展現自己的物質條件和經濟能力，讓女人覺得這是一個養得起家、值得交往的對象。這幾乎可以說是「基礎動機」，所以不讓男人付錢，反而會傷他們的自尊！

兩性專家馬修・何希（Matthew Hussey）就曾在演講現場被問到這個問題，他這麼回答：「約會時，男方不主動付錢，我會覺得這男生沒禮貌。但如果約會時，女方從來不提出付錢，我也會覺得這女生沒禮貌！」

馬修的論點是：「男生應該不介意為女生付錢，但他們會介意女生覺得這是理所當然。」女生即使不請客，也至少要表示願意付錢的心意，不然男人會覺得被占便宜。這其實跟錢無關，而是一個心態問題。

我的建議是，如果你是個收入穩定的女生，當男生約你時，可以讓他請客，但也應該主動問他是否要一起付。如果他堅持請客，或許一、兩次後，你可以主動提出：「下一頓，讓我來請吧！」或找個機會買個小禮物送他，表示感謝的心意。

給男士們的建議則是，希望你約會請客是開心的，所以別超過你付得起的限額。如果你約出來的女生每次都挑最高價的餐廳，可以試探一下：「嘿！下次我們去一間我喜歡的小館子，環境簡陋一些，但經濟實惠，怎麼樣？」如果她真的在乎你，她絕對會樂意接受，但如果她因此露出不屑的表情，那你心裡也應該有數了。

經濟狀況會改變，但價值觀卻是一輩子養成的。人在熱戀時，可能什麼都好，但千萬不要違背自己的原則，或與自己的價值觀妥協，只因為你覺得「未來會不一樣」。

價值觀不同，不代表無法相處，但一定要更努力溝通。

讓兩人彼此走不下去的原因，往往不是因為價值觀不同，而是因為無法尊重不同的價值觀。任何事情都是如此，金錢觀則更是。

所以，這不光是「錢」的問題，而是「尊重」的問題。

尊重的定義，就是高度關注或敬重對方的觀點與感受，並能肯定對方的能力與內在特質。尊重得以讓我們相互保有主體性，不會讓關係破裂。因為尊重，我們才能保有自己的自尊，同時也保有他人的自主。

尊重是可以學習的。心理學家霍勒曼（Holloman）與耶茨（Yates）歸納出 11 種表達尊重的語彙：

1. 鼓勵的語彙
2. 寬容的語彙
3. 引導彼此的語彙
4. 講出願意尊重彼此的語彙
5. 講出擁抱更高期望的語彙
6. 經常談論對未來的期望
7. 把愛說出口
8. 直接分享心情
9. 表達對對方的理解
10. 表達彼此是合作或互助的一體
11. 表達重視彼此的責任

表達尊重的方式有很多種，但最重要的是要表達出來。我們給對方的尊重，不能只是被動用「不否定」或「不干預」的方式，而是可以透過更積極的方式，用我們的對話來營造彼此尊重的氣氛，讓互動直接充滿尊重的氣息。

那些所謂的兩性專家總說，
以友誼和尊重為基礎的感情比較長久……
混帳，竟然給他們說中了！
——瑪麗安·凱斯（Marian Keyes）

文學家木心曾寫道：「從前的日色變的慢，車馬、郵件都慢，所以一生只夠愛一個人。」

現代人的幸福來自於速度和選擇，很多事唾手可得。但很多不幸福，正是因為什麼事都唾手可得。許多時候，我們會忘了，戀愛的感覺是來自那些最基本的互動。

耶魯心理學教授羅伯特·史坦伯格（Robert Sternberg）的愛情三元論說，愛情有親密（intimacy）、熱情 （passion）與承諾（commitment）三大面向。如果一段感情能擁有這三大面向的平衡，就會是圓滿的愛情。但在現實生活中，愛情很少圓滿，也一定會隨著時間改變比重。兩人或許一開始偏重熱情，後來由親密感維持恆溫，最後靠承諾度過難關。

不論現在的你比較在乎親密感、熱情或承諾，都需要願意付出，才能持續經營。不管是維繫信任、持續創造機會，保持欣賞，用尊重的態度面對彼此，都將是創造愛情、維繫愛情的良好方法。

當感情發生衝突時，我們最好積極用解決問題的方式化解衝突，但有時候衝突是無法短時間解決的。這時候提醒自己，要互相尊重，用接納的態度取代那些你想要堅持的事，絕對會有比較好的結果。如果只是強行對抗，只會增加生活的負擔，讓繁忙的生活更加繁忙。所以要在現代社會談戀愛，勢必要能善用前面所說的種種工具，時常聊表心意、學習欣賞、互相尊重。

當下次你因為沒有安全感，而忍不住懷疑他人的時候、當你因為選擇太多而苦惱，想追求更新鮮美好戀情的時候，或是在金錢上，與另一半起了爭執的時候，請提醒自己三個簡單的關鍵詞：「溝通」、「理解」、「尊重」。

把這些當成是解決問題的最高原則，保留你願意珍惜每一段感情的心，無論在什麼時代，都能符合人性、不退流行。

現代社會的變化和科技的便利，讓人們更容易在一起，也更容易分開
當人生有太多選擇，當快感飛逝而過，我們要如何維持愛情的溫火？

note

part 3

Chapter6

每個人都會拖時間

心理學教我如何克服拖延症

最近讀了一篇報導，文章指出：「20% 的成年人是長期拖延症患者。」[1] 我心想：「等一下，應該是八、九成才對吧！」

我自己上大學時，就曾經是嚴重的拖延症患者。每次交報告前都像在跑極地馬拉松，接連兩、三天不睡覺，拚死拚活趕在死線前交件。因為每次都把自己搞得很急躁，寫出來的報告總是不滿意。我自己也知道，如果能自律一點，按照計劃完成，就不會那麼慘。

「下次一定要提早開始！」精疲力竭的我痛定思痛，但當下次死線來時，還是一樣。

我曾經去學校心理系的圖書館，借了一本有關如何克服拖延症的書，後來因為拖到過期沒還，最後被圖書館罰錢！所以，如果你有拖延的毛病，我要跟你說：「我懂你的痛，我非常懂！」

有拖延症的人很奇怪，不是所有的事都拖，只有重要的事才拖。並不是動作慢，反而大部分時間手腳還挺快的。偏偏就是那些最需要慢條斯理、按部就班的大計畫，才會拖泥帶水。這是為什麼？

---

1 美國帝博大學心理學教授喬瑟夫・法拉利（Joseph Ferrari），在一篇美國心理協會與他的訪問報導中提出：「20% 的成年人是慢性或慣性拖延症患者，大學生的拖延症患者比例則高達五到八成。」請參考：http://www.apa.org/news/press/releases/2010/04/procrastination.aspx。

「要戰勝世界，必須先戰勝自己。」如何克服拖延的毛病，是我們每個人在成功路上一堂必修的學分。光靠意志力是不夠的，因為拖延症包含許多複雜的心理因素，無法全用蠻力解決。就好像一部車，當你發不動時，一直不斷轉鑰匙、踩油門是無濟於事的。你必須打開引擎蓋，看看到底是哪裡出了狀況。

在這一章，我將總結心理學對拖延症的研究，分享一些幫助自己克服拖延問題的行為練習，其中有不少能立刻派上用場。這些方法曾經惠我良多，希望也能幫助到你。

你是哪一種拖延症患者？

歷史上，許多偉大的創作者都有拖延的毛病，有些還為自己發明了對抗絕招。像是《悲慘世界》、《鐘樓怪人》的作者雨果（Victor Hugo），每天開始寫作前，會先把衣服脫光，換上一件破破爛爛、衣不敝體的睡袍，因為當他這麼見不得人時，就沒辦法寫到一半跑出去逛街，只能乖乖待在書房裡寫作。

美國大作家梅爾維爾（Herman Melville），也是嚴重的拖延症患者。據說當他在寫《白鯨記》期間，接近故事最重要的尾聲時，還曾經要求他的妻子用一條鐵鍊把他栓在書桌旁，沒寫到進度就不准開鎖。

有些人認為拖延症與創意有關，確實有研究顯示：人在拖延時，會把事情掛在心上，而這種「懸念」有助於創意思考。但拖延行為所造成的不良後果，往往抵銷掉任何好處，尤其在公司與團體合作的環境下，拖延只會拖累大家，所以不要再把「藝術家脾氣」當成是藉口了！

心理學者整理出生活中最常見的拖延症患者，約略分為以下四大類型：[2]

第一種，就是想要拚到最後一刻的衝刺者。有些人喜歡那種在最後緊要關頭，才把事情一口氣完成的感受，甚至還能從中得到其他刺激。但這麼做勢必會給自己帶來許多不必要的壓力，而且實際的效果太不可靠。

第二種，出自於人的逃避心態。這類型的患者，習慣在心中充滿假設事情完成後將面對的批評與失敗，也因為經常懷有恐懼，所以自然不想完成事情。其實，幾乎所有人都會對自己應該要完成的事情有所預期，但不一定人人都會因此拖延逃避。這種對結果懷有恐懼的拖延類型，多半發生在對自身能力缺乏信心的人身上。

---

2 Rozental, A., & Carlbring, P. (2014). "Understanding and Treating Procrastination: A Review of a Common Self-Regulatory Failure." Psychology, 5, 1488-1502.

第三種，是選擇困難的後果。有些人本來就容易猶豫，對自己的決定容易動搖，每一個選擇好像都對，又好像都不對，因此無法決定該怎麼做事，所以就愈拖愈久，消耗自己的精神。尤其當你因為無法評斷，做這些事情到底有沒有價值，或能不能讓自己快樂而左思右想時，拖延自然就發生了。

第四種，是那些特別衝動、尋求刺激的人。這類型的人拖延事情，是因為他們總是把精神放在更好玩或更感興趣的事上面。這種人容易分心，時間觀念也比較差，在做自己喜歡的事情時，無法自覺時間的變化。但對於他們不想做的事情，就幾乎不放在心上，導致事情總是拖到最後一刻。

今天你要解決拖延症，可以先檢視一下自己比較接近哪種類型。各種類型背後的動機稍微不同，所以進一步的認識，或許能幫助你跟自己對話。但無論是哪種類型，有個觀念你必須認識，那就是我們對當下快樂與未來快樂的評估。這點很重要，所以請我們鑽進自己的腦袋，到裡面認識一隻猴子。

馴服你的及時行樂猴

每個人的腦袋裡，都住了一隻「及時行樂猴」（Instant Gratificaton Monkey）。這是個心理學界常用的比喻，我覺得還挺傳神的。

及時行樂猴所代表的，是我們當下享受、及時行樂的一面。牠住在我們的「腦緣系統」（limbic system），而腦緣系統是大腦很原始的部位，衝動又情緒化。相對的，我們理性、自律的思考系統，則是由一個叫「前額葉皮質」（prefrontal cortex）的位置所主導。前額葉皮質是人類比起其他哺乳類動物進化最多，發展也最明顯的地方，主要負責分析、整理資訊、計劃與決策。後者讓我們能克制欲望，提醒我們有比及時行樂更重要的目標，也經常會跟及時行樂猴進行拉扯。

舉例來說，假設今天你手上有一包好吃的零食，但你最近在減肥，你的前額葉皮質會告訴你：「不能吃太多，晚上吃零食會發胖，對身體不好。」但及時行樂猴會跳出來說：「管他的！現在就打開吧，好好吃個夠！」這時候如果你把袋子收起來，前額葉皮質就贏了。但只要你吃了一片，當鮮美的滋味刺激了原始大腦的猴子，那牠就輕易得逞了。這時候儘管你告訴自己：「吃一片就夠了！」但愈吃就愈停不下來。

我們都要學會如何跟自己的猴子相處，這是成長中很重要的練習。我們學會逼自己起床、去辦公室打卡、忍受漫長無聊的會議、填寫報稅表等等，這都是必須要做的事情。但有些時候，你會有一些選擇。

例如，週五下午三點半，你可以開始準備下個月要交的報告，或是跟同事溜出去喝杯咖啡。這時你心想：「才一杯咖啡而已！還可以聊一些公司八卦，跟同事培養感情。」其實，這背後的聲音正是來自於你的「及時行樂猴」，而你的前額葉皮質，則已經為自己的拖延行為找合理的藉口。

於是，理智的我們常常在跟自己妥協，用各種方案替代那些當下不想做的事。例如說，你不想寫一份報告，所以就開始回一堆 e-mail。你不想回 e-mail，所以就開始整理書桌。看似都在做事，也可能都是應該做的事，但其實你正在與自己妥協，因為你並沒有做當下最該優先處理的事情。

要戰勝拖延的毛病，不能只靠意志力，因為意志力總有窮盡的時候，而且會讓我們感到疲倦，當你感到疲倦，猴子就更容易贏。這時候你要做的，是帶你的猴子去遊樂園。

噓，不要跟猴子說！「遊樂園」只是個幌子，我們來跟牠玩個遊戲，藉此訓練牠。

一開始，請先「畫靶」，也就是設定目標，寫下你必須要做的事情。再來，定義遊戲規則和時間。例如，要撰寫一個年底的大報告時，遊戲規則就是「整理過去的資料」，而這需要花「半小時」。

最後，你要懸賞獎勵。對猴子說：「今天如果能完成半小時的資料整理，就去咖啡店餵你一塊愛吃的點心。」也要跟猴子說：「不能作弊，作弊就是豬！」

只要你畫的靶夠清楚，遊戲難易度適中，時間也設得合理，猴子應該就會願意配合著試試看。此時，恭喜你跟自己的及時行樂猴妥協成功，趕快開始行動吧！

如果時間到了，也確實達成目標，請一定要信守承諾，去咖啡店買個點心犒賞猴子。反正犒賞牠，就是犒賞自己，絕對雙贏。當然，這份獎勵也不能過頭，不要做了半小時的正事，就出去逍遙半天。這個分寸，你應該自己拿捏。總而言之，你一定要讓自己相信自己，因為及時行樂猴可是不好惹的。

面對及時行樂猴，真的就要像訓練小動物一樣。透過重複達成目標、實現承諾，你內心的猴子將會變得更聽話。工作上了軌道，將會為你帶來更多的成就感，形成正面循環。所以給自己獎勵的同時，也可以趁著這個好感，計畫下一個目標和獎勵，讓你完成一系列連貫的目標。

- 設定目標
- 定義規則和時間
- 懸賞獎勵

運用這三個步驟，建立你與及時行樂猴的相處模式，讓雙方培養出互信的感覺。

蓋一棟房子，要先從一塊塊磚頭疊起。

——英文諺語

這句話的寓意是：每一件看似很龐雜的事情，都可以從最基本的行為著手，但重點是要行動。

我們會拖，往往是因為我們雖然設定了目標，但缺乏計劃好的行動，導致我們對於完成某件事情的信心不足，想到就不開心，這樣只會更不想面對導致拖延的行為。所以良好的計畫非常重要，除了排除障礙，也讓你不會因為不知如何開始而拖掉該努力的機會。

把一個大任務切成小塊，規劃後再執行，是很重要的技巧。你最好先擬定一個時程，設定一個合理時數，如半小時或一小時，再來做這件事，並且做完就給自己一個獎勵，有必要的話讓自己中途休息幾分鐘再繼續。

例如，如果下週要考試，你就先把需要複習的資料都拿出來，看看每天要分攤複習多少，並列出一個計畫表。同時，要讓自己能靜下心來讀書，你最好也要計劃給自己一個舒適的環境。所以，除了設定每天複習的目標，你也要思考讀書前要做什麼，例如給自己倒一大杯水、把桌子清乾淨、稍微做一下伸展操等等。這些都是為了讓你順利完成「靜心讀書」的計劃，應該編製成一套SOP，去除許多原本阻止你完成事情的障礙。當你內心設定好一個執行計劃，並能按照這個計畫設定、完成每一個小工作目標，就能大大提升完成整個計畫的可能性。

透過前面的說明，你可能已經知道該怎麼展開你的大計畫了吧？但生活的未知數實在太多，很有可能你對「開始行動」這件事還是一籌莫展，尤其如果你是第三種「難以抉擇」的拖延症患者。這時候，我的建議很簡單：「相信自己，先踏出第一步再說！」聽起來好像很難，但憑我自己的經驗，這絕對比在原地猶豫不決要來得舒服。

從前寫作時，總是因為對自己的作品期許很高，苦思半天卻無法動筆。但後來我發現，只要能夠逼迫自己開始寫，先不管文字好不好，只要啟動了這個行為，身體會逐漸適應，心情也會逐漸進入狀況。所以我現在寫一篇文章，開頭都亂寫一通，並告訴自己：「我現在寫的第一句根本不是文章的第一句，只是在暖身而已。管他三七二十一，先動起來再說！」

只要先有一些動作，讓自己開始朝著目標動起來，就是最好的第一步。猴子是好動的，你得帶著牠一起動，才不會被牠牽著走。

當個未來人

如果老闆跟你說：「你今天下班前就要做完這件事，不然事情會很大條！」你一定會馬上行動，因為這是眼前的死線。但如果老闆跟你說：「你年底之前要做完這件事，不然事情會很大條！」雖然你還是會有壓力，但壓力是在年底，而不是在現在，即便自己知道後果嚴重，但當下還是很難有急迫的感受。

所以如果我問你：「你希望現在快樂，還是未來更快樂？」我相信大部分的人都會說：「我希望未來更快樂。」能夠回答這個問題的，是我們理性的前額葉皮質。問題是「當下的感受」永遠比「遙遠的理性」來得更真實也更具體，畢竟你正在經歷當下，而未來只是個抽象的概念，也可能存有變數。

你覺得未來會更好還是會更糟？你覺得自己現在的行為能改變未來，還是你認為無論現在做了什麼，該發生的事情還是會發生，根本不在自己的控制範圍？

根據心理學者的研究，有兩種時間觀的人最容易產生拖延行為。第一種是過度樂觀，對於未來即將發生的事情，天真的認為就算自己沒做什麼，大概也會跟以前一樣安然過關。另一種人則是聽天由命，認為自己做什麼也不一定能改變未來，有沒有拖延也影響不了結果，該來的還是會來。

如果你自己的生活態度比較消極或認命，覺得自己做什麼都無法改變未來的話，那麼我建議你先從最後一章「對抗負面情緒」開始練習，先導正自己的心態，提升自我效能感，再來修理自己的拖延症。

樂觀雖然是個很好的正向心態，但對於未來過度樂觀，反而會扯我們的後腿。我們要練習如何用更實際謹慎的態度評估未來，想像未來可能發生的後果，包括拖延的後果，把這些後果以想像力賦與具體的感受，並帶到當下體驗。換句話說，我們要當個未來人。

這聽起來很抽象，讓我以一個實驗來解釋。

很多上班族都知道，要盡早為退休開始存錢，但是對於大多數 25 到 35 歲的年輕人來說，已經開始做財富規劃的人還是少之又少。加州大學安德森商學院教授哈爾・赫什菲爾德（Hal Hershfield）就做了一個實驗來顛覆這個現象：他找來一群大學生，把他們的照片先模擬成老年人的樣子。接著，他讓這群學生戴上眼罩，進入一個虛擬實境（VR）世界探索，然後在這個環境裡，他們遇見了「未來老年的自己」。

想像你今天在一個 VR 空間見到了老年的自己，臉上多了不少皺紋，身形也改變不少，雖然可能模擬得有點粗糙，但還是能認出是自己，心裡的感受應該挺複雜的。

經過這個體驗後，赫什菲爾德教授請這些大學生做一個財富規劃的習題。比起沒有看到老年自我的控制對比組，凡是看到老年自我的學生，對於自己未來的退休金都規劃了雙倍的金錢。

我們每個人其實都無法想像「未來的自己」會是什麼樣子，也就很難感同身受。但我們能做的是，將這個「未來的自己」變成一個具體的面孔，如果你能讓自己看到、感受到，你的整個視野將大大不同，迫切感也就油然而生了。

所以，面對遙遠的計劃，你要想辦法把未來的感覺帶到現在。舉例來說，對於一個期末才要交的報告，請先想像你已經到了要交報告的當天。因為拖到最後一刻而心急如焚的你，已經整晚沒睡了。閉上眼睛，想像亂七八糟的桌面、散在四處的資料、吃到一半的便當盒……看到了嗎？想像這時候，電腦又突然壞掉！這不是不可能發生的，「莫非」不是愈心急就愈有可能現身嗎？你真的快氣死了！如果你用力想像這個場景，應該會覺得自己的心情都跟著緊張了起來。

再張開眼睛，把第一個要做的報告計畫拿出來，趕快開始行動。這時候你的及時行樂猴八成不敢吭聲，因為你已經用牠聽得懂的「感覺」，讓牠明白了事情的嚴重性。

想成為一個不拖延的人，要調整自己的時間觀，讓自己看得遠一點，請想像未來的拖延後果，感受到這個壓力。這不是鼓勵悲觀，而是用比較實際的態度設想未來，讓自己能未雨綢繆。

你將會深刻感受到：現在真的不能再拖了！

待辦事項的超能力

很多人喜歡給自己列「待辦事項清單」（To-Do List），也有各種 APP 和軟體，號稱是最厲害、最齊全的終極待辦事項清單。但坦白說，有多少厲害的系統，就有多少用這些系統卻還在拖時間的人。

心理學者發現，當我們列下待辦事項時，這個動作本身會讓人覺得「我已經有進度」，因此會獲得壓力的紓解和一點成就感。但這個成就感，也往往會讓人鬆懈，反而不會開始行動。所以有些拖延症患者很會給自己列待辦事項清單，但一天下來，他們最大的成就，很可能就是列這個待辦事項清單。

另一種狀況，就是當待辦事項清單變得太長，反而導致債多不愁，對清單視而不見，或只挑容易完成的項目先做。因為一個需要深思的大案子和一個只需要跑腿的差事，同樣都是清單上的項目，完成一項算一項，比較容易劃掉的項目當然會像是較好的選擇。

因為上述這幾種心態，你給自己列待辦事項清單時，需要遵守一個很重要的原則，那就是：「事不過三法則」（The Rule of Three）。

「事不過三」的意思是：每天從你的待辦事項清單裡，選出三件事來優先完成。就只有這三件事，每次不要給自己超過三件事來做，而且我建議可以這樣分配：

第一件事，可以選擇一件容易完成的事情。例如：回一封e-mail。這不會太複雜，是能輕鬆做完劃掉的事，達成第一關。

第二件事，應該是跟未來計畫有關的。例如：為年底的報告做一點研究。這件事未必是今天就必須做完的事，但每天增加一點進度，絕對有好處。

第三件事，則是做一件今天必須處理完的事情。

為什麼建議這樣安排呢？首先，意志力就像是肌肉，我們的內心也需要暖身。當你在健身時，如果直接就從高強度訓練開始，肌肉很可能會因此受傷，而且效率也不會太好。先完成一個中低難度的項目，讓自己暖身，也能比較容易循序漸進。

有一種心理現象叫「柴嘉尼效應」（Zeigarnik Effect），指的是我們對未完成的事情總是念念不忘，甚至比起已完成的事情更容易會想起。換句話說，每一件被拖延的事情，其實都會懸在心裡，造成內在的壓力。所以，從比較能夠輕鬆完成的第一件事開始，獲得一點成就感，同時能降低壓力，給我們繼續往前的動力。接下來，我們就可以把這個持續的動力放在「需要完成但不是最急迫」的事情上，因為這是平常最容易被拖延的。等你有了一些進度後，再來處理「今天必須完成」的急迫事項。

你或許會問：「我今天必須完成的事情好多喔！可不可以先把最急的事情做完，再來做其他的？」當然，這是你的生活，本來就可以自己做決定。但請試想：正因為原本不急迫的事情被拖到最後一刻，所以才變成今天的急迫事件，不是嗎？既然這樣，為何不從今天就開始改變呢？你是否可以做一些取捨，把一些事情交給別人做呢？

利用「事不過三法則」，讓你在龐雜事項的清單中，做出選擇和取捨，找出事情的優先順序，不要讓自己被一個過長的清單壓倒。你也可以在每天睡覺前先列出隔天要做的三件事，這就減少了早晨思考與做決定的時間，加快你開始工作的效率。

關鍵不是行程表上的優先順序，

而是規劃人生的優先順序。

——史蒂芬・柯維（Stephen Covey）

番茄鐘工作法

另一個經常造成拖延的迷思，就是「一心多用」。

很多職業人士會覺得一心多用很厲害，能同時開好幾個視窗，在不同事項間迅速跳躍處理，很有威風的操控感。

但研究顯示，一心多用並不會讓你比較有效率，因為我們其實並不是在同時處理好幾件事，而是不斷在幾件事中切換注意力。腦部掃描顯示，每當我們要切換注意的事項時，至少會動用到四個大腦部位：前額葉皮質轉移聚焦注意力，並選擇要執行的任務、後頂葉負責切換每個任務的規則、前扣帶回檢查錯誤、運動前皮質協調身體動作的改變。這一切都能在 1/10 秒內完成（真的要給自己的大腦拍拍手），但一天下來如果不斷來回切換，可能會讓你損失 40% 的工作效率！[3] 所以，拜託不要再一心多用了！這樣反而更容易加深拖延症。

我建議你可以試試看「番茄鐘工作法」。這是義大利人弗朗切斯科．奇里洛（Francesco Cirillo）所發明的。為什麼叫番茄鐘，不是因為義大利人愛吃番茄，而是因為他發明這個工作法的時候，用的剛好是一個番茄形狀的造型計時鐘。其實用什麼鐘

---

3 http://www.apa.org/research/action/multitask.aspx。

都可以，一般烹飪用的廚房計時鐘最好，如果沒有，手機的計時功能也行。

番茄鐘工作法很簡單：首先，請先給自己設一個 25 分鐘後會響的鬧鐘。然後，就開始專心工作，一次只專注做一件事，並把所有的手機訊息、e-mail 和不相關的視窗都關掉。

25 分鐘後鬧鐘響起，就站起來動一動，休息 5 分鐘。這個方法的重點在於，當你工作的時候，一定要專心，休息的時候，也一定要休息。你可以出去走走，找同事聊天、聽首歌，任何事情都可以，但一定要讓自己離開工作狀態。

25 分鐘工作、5 分鐘休息，重複 4 到 5 個回合，然後再給自己長一點的 15 分鐘休息時間，就這麼簡單！我發現這個方法實在很有效，因為當你有了很明確的時間限制，而且又有固定的

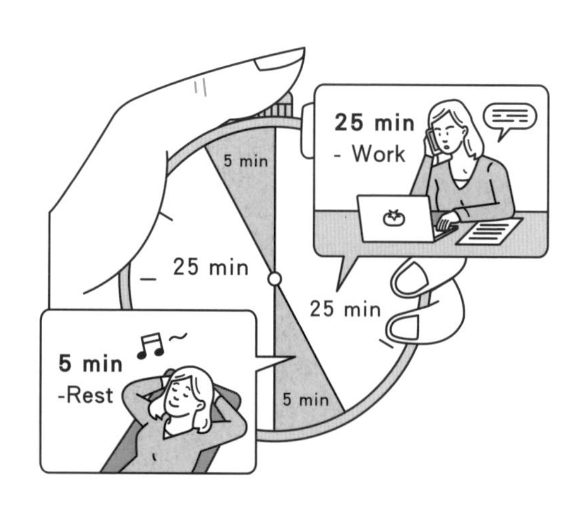

休息時，能幫助你更容易集中精神，達成高效率，也比較能幫你抵抗分心的誘惑。

你現在就可以上網搜尋「番茄鐘」，有許多可以免費下載的 APP，馬上就能開始嘗試這個工作法。

我從不擔心採取行動的後果，只擔心我毫無作為。

——溫斯頓·邱吉爾（Winston Churchill）

回到本章開頭提到的報導，受訪的法拉利教授，這位專門研究拖延症的權威學者說：「每個人都會拖時間，但不是每個人都有拖延症。」

現在的我偶爾還是會拖，有些事還是會延遲，例如這本書的完稿！但現在會延遲的原因，不再是因為久久無法開始行動，而是因為創作過程不總是順利。例如，在拍攝這本書相關的影片時，好幾次因為結果不符期望，而必須忍痛重新錄製。整個製作團隊的壓力都很大，這時候反而要對自己寬容一點，不要覺得延遲就表示自己有缺陷。我也一直不斷嘗試各種專案管理系統，從每一次的失誤和挫折中，學習如何讓下一次更好、更順利。從一開始跌跌撞撞，經常犧牲睡眠，現在我和整個團隊也愈來愈上軌道、愈來愈有效率了。

凡事難在起步，我這一章所分享的方法，都是為了幫助你度過最困難、最猶豫不決、最容易分心，也是最容易拖延的起程點。我們需要懂得如何跟自己的及時行樂猴溝通，學習理性實際的規劃，相信自己的執行力，並避免那些從小聽取的迷思。臥薪嘗膽、發憤圖強，每天跟自己作戰，才是唯一能超越惰性的方法。心理學已經陸續發現最有效的訓練方法，我們只要付諸於行動，透過練習內化這些技巧，自然就能看到很大的進步。

一、把工作變成小關卡，完成小關卡時，請給自己一點獎勵。二、想像未來的自己與拖延的後果，給現在的自己一點未來的危機感。三、別想太多，立刻就開始！直接用行動讓自己暖身，進入工作狀態。四、列待辦事項清單時，請記住「事不過三法則」。五、不要一心多用，在短時間專注衝刺，並善用番茄鐘工作法。

你現在也應該知道，拖延是人之常情，不然也不會有這麼多心理學研究了！所以，請千萬不要對自己的意志力感到失望。只要找出原因，嘗試不同的方法，設計出一套適合自己工作的環境和流程，再嚴重的拖延症，絕對都是可以被克服的。

相信我，也相信自己。你絕對可以的！

每個人都會拖時間，但不是每個人都有拖延症
如果你經常把事情留到最後，以下方法能幫助你開始行動！

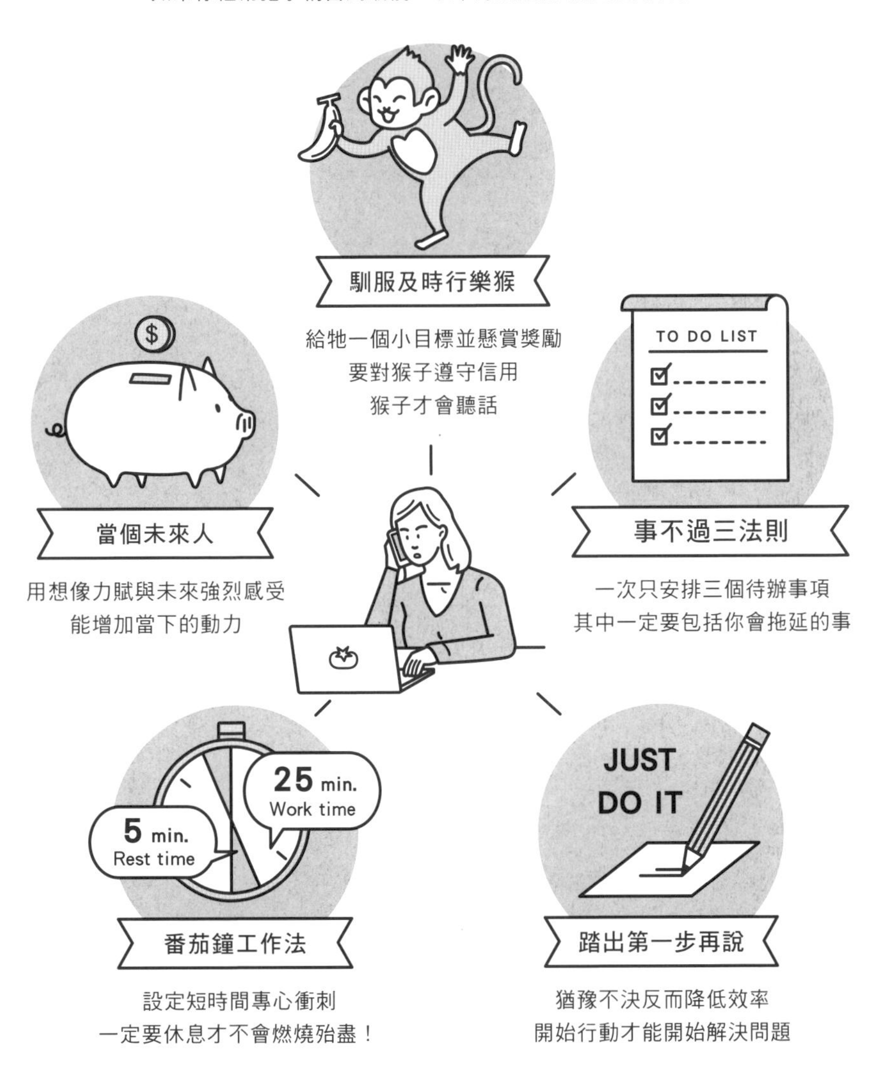

Chapter7

問題不在意志力

心理學教我如何養成好習慣

你可能覺得我的生活很充實，很有工作效率。但我在這裡要向你坦承：我也是一個經常要跟自己習性做對的人。

我父母親都是很成功的人，父親不僅是暢銷作家，也是個在藝術界很有聲望的國畫家。我母親曾經是紐約聖若望大學的入學部主任，手下曾經同時管理 40 幾個祕書。他們都很忙，也都很自律，但在我成長的過程中，他們並沒有特別教我如何建立自己的工作和生活習慣。

從小學到高中，自我培養習慣不是那麼重要，反正每天行程都是按部就班的發生。但當我上大學後，卻有一段時間很難適應，因為那些固定的框架都沒了。當我有權力開始選課、能自由規劃每一天、決定什麼時候念書、什麼時候玩耍、什麼時候睡覺時，突然發現自己的行程全亂了！

這時候，看身邊有一些同學，總是可以把自己照顧的很好，不但成績優異、參加許多課外活動、有時間運動，還去公益團體當志工。奇妙的事，他們不但不會透支，還都顯得神彩奕奕，每次見到他們現身學校的派對，他們玩得比誰都瘋。

我原本以為他們有過人的毅力、特別聰明，或工作速度特別快，但其實都不是。我後來發現，這些優秀學生與我們一般學生最大的不同，在於他們懂得如何把每一件該做的事情，培養成為習慣。

好習慣難於培養，但易於生活；
壞習慣易於培養，但難於生活。
——馬克‧馬特森（Mark Matteson）

很多朋友一定覺得，壞習慣容易培養，但是好習慣卻很難養成，畢竟是好習慣嘛！這倒不一定。

所謂的「好習慣」，就是一個對你現在和可見未來都有好處的、持續固定執行的行為，這當然會隨著人生而改變。舉個簡單的例子：如果你有一段時間需要調養身體，所以每天給自己熬煮一些中藥補品，那這對你來說就會是一個好習慣。不過當你的身體已經調養好了，這個習慣就可以停止，再堅持繼續下去，也未必能稱為是好習慣，說不定還會造成身體的負擔。

如果你懂得如何用心理學設計行為的話，那建立新的習慣，也不會如你想像中那麼難。你不用告訴自己這是「必須養成的好習慣」，過於嚴肅看待，反而會讓內心排斥或抗拒。你要告訴自己：「任何一個習慣都是可以養成，也是可以調整或修改的！」

破壞計畫的罪魁禍首

首先，我們來看看，多數人建立習慣失敗的原因：

1. 設定了目標，但沒有設計行為

2. 過程中出現太多障礙

3. 光憑自己的意志力來維持動力

4. 高估自己的精神與體力狀態

5. 無法從失敗中學習調整

我用一個故事來舉例吧！小胖和小苗是最要好的朋友，從大學就形影不離。可想而知，小胖的外號來自一直以來都偏豐滿的體型。小苗沒有體重問題，但是體質不好，身材沒什麼曲線，近年來工作忙碌，也使得氣色欠佳。

某天，一群大學同學聚餐，小胖和小苗一起參加，見到了一位失聯好幾年的同學，受到很大的刺激。

「天哪，她怎麼會變得那麼正！以前她不是比小胖還肉嗎？現在身材超好！」

「人家愈活愈年輕，我們才出來幾年，就都走樣了！」

於是，兩人發下毒誓。

小胖說：「我要減肥！三個月甩掉五公斤！」

小苗說：「我要健身！三個月練出好線條！」

第一天，小胖就帶了一個餐盒到辦公室，打開來裡面滿滿都是綠色的青菜。她有點刻意跟同事嚷嚷：「我的減肥計畫開始囉！你們誰都不准誘惑我喔！」同事就說：「唷！小胖，改頭換面啦？要談戀愛啦？」也有同事說：「談戀愛最好了！因為失戀的時候，保證會瘦！」大家半調侃，半鼓勵，小胖就這樣度過午餐，覺得自己很有意志力。晚上回家，她也很自律，把家裡零食全都扔了。她買了一個體重計，天天量體重。前幾天還好，而且立刻有效果，一週就瘦了一公斤。她覺得很有成就感，雖然中午吃那麼少，晚上也節食，讓她整天都輕飄飄的，她覺得自己像是個仙女。

不過，兩週後，某天早上站到體重計上，她竟然發現，體重怎麼不減反增？她安慰自己：「也許是水腫。」當天晚上同事過生日，大家聚餐慶生，小胖也去了。走進一家鐵板燒餐廳，香味撲鼻而來，她實在受不了，大喊：「好，也給我點一份！」壽星開心的說：「這樣才對嘛！不要跟自己過不去，人生也是要享受的，OK ？」

當晚，小胖吃得很盡興，生日蛋糕也來了兩份。但回到家後，她內心就充滿了罪惡感。隔天起來，根本不敢站上體重計。好不容易忍痛節食「謝罪」兩天，幾乎沒吃東西的她都快昏過去了，這時候站上去……

什麼！竟然一點也沒變？她徹底崩潰了。

「老天啊！你為什麼要這樣對我？難道我就是那種連呼吸空氣都會胖的人嗎？算了，認了！人生苦短，享樂為先！」

小胖的減肥計畫，失敗。

小苗呢？她第一天就去家附近的健身房，報名了一年的會員。信用卡刷下去時雖然有點痛，但她告訴自己，無痛不長進！

第一天，她下班回家後，換了套運動服就過去，上了一堂戰鬥有氧，流了一身汗，衣服濕透，感覺也爽透了！隔天起來，當然腰痠背痛。去辦公室一直打呵欠，整個人都累歪了。但她告訴自己：「不行，要堅持！」下班回家後，又準備去健身房。這時她才發現運動服還沒洗，但她就只有就這麼一套比較像樣的運動服，只好先丟進洗衣機洗一下，還在家裡看影片跳了一段有氧，GOOD！

到了隔天，她反而更加痠痛，手腳簡直都不聽使喚。下班後換好衣服，她心想：「今天還是去跑步機走一下好了……唉唷！肚子好餓，還是吃完飯，消化之後再去好了。」結果，她還是沒去。

就這樣，小苗每天都跟自己的意志力奮鬥，精神好時，就去健身房流流汗，但其他時候實在提不起勁來。時間久了，變得有一搭沒一搭，後來「剛好」有個老朋友來她家住幾天，她每天都跟朋友出去吃飯，之後，就很少再去健身房了。

小苗的健身計畫，失敗。

向好習慣看齊

有人說，成功的方式有很多種，但失敗卻只有一種。我很不認同這個說法！就是因為太多人有這種過度強調結果的心態，所以不關心過程，但其實，過程才是真正藏有魔鬼的細節。

小胖跟小苗為何計畫失敗？到底是出了什麼問題？讓我先來解釋如何養成好習慣，然後再回頭看看她們。

我們要跟誰學習養成好習慣呢？跟我嗎？其實，最好的學習對象，真的就是你自己。是的，我們其實都有不少好習慣，只不過我們不太在意，但實際去研究一下，你就能看到一些端倪。想想，你有什麼好習慣呢？

先來舉一個例子，應該是 99% 的讀者都已經養成的好習慣：刷牙。請你再想想，為什麼刷牙能夠養成一個好習慣？

首先，這是一件很簡單的事情，你很快就能完成。以一組行動來說，這是一個最基本的單位，而且有很明確的目標。我們都會按照習慣，把上下兩排左右牙齒都刷完，有些人還會刷一下舌苔。如果只刷一半就停，一定會感到渾身不對勁，就像廁所上了一半就停的感覺，對不對？

簡單、具體，能夠一氣呵成的行為程式，這是好習慣的基本單位。很多人希望養成好習慣的時候，只給自己設定了一個很大、很遠的目標，卻沒有設計行為。

這是很關鍵、也是多數人容易搞錯的觀念。我們可能在年初給自己設定一個目標，把理想的結果訂在遙遠的一年之後，但如果你無法把這個目標變成行為計畫，那頂多只能說是一個願望，而願望是無法養成習慣的。

把你要養成的習慣，先分解成最基本的行為程式，而且最好是每天都能執行的，這樣最容易讓大腦把事情認定為是「慣性動作」，變成一個你不太需要思考也可以完成的事情。

所以，不要說「我要多多運動」，要說「我要每天運動30分鐘」。不要說「我要多多閱讀」，要說「我要每天閱讀一小時」或「我要每天閱讀20頁」。不要說「我要練習英文」，要說「我每天要用線上課程學習5個單字並做10個習題」。

你可以用時間、數量、行為來設定這個習慣，而且愈具體愈好。刷牙能夠成為這麼自然的習慣，還有一個原因：方便。我們早上起來都會先上廁所。一走進廁所，看到牙刷、牙膏都立在杯子裡，自然會順手拿起來刷。

同樣的，當你要讓一個行為程式變成習慣時，就要讓那個程式愈方便執行愈好。舉例來說，如果你想養成每天早起運動的習慣，那就應該在前一天晚上就準備好運動的衣服，放在床邊，隔天一早起來就可以立刻穿好，不需要再打開抽屜去找，因為如果你還要花時間找，睡眼惺忪的你搞不好會找著找著，找回棉被裡去了。我把這個行為稱做「清出跑道」（clear the path），把任何可能導致分心的障礙都盡量排除。

我之前訓練自己早起的時候，發現對我最有幫助的一個小習慣，就是睡前先倒一杯水，放在床頭櫃上。鬧鐘一響，我只要稍微起身，就可以馬上拿起杯子，喝完一大杯水，自然也就醒了一半。這種能夠讓你更容易執行程式的小習慣，我稱做「推動行為」（enablers）。

能夠維持習慣的人，除了有毅力，還能夠為自己設計出一個更便於養成習慣的流程，讓整個過程能夠一氣呵成。

我們要清出跑道和設計推動行為，不是因為缺乏意志力。其實我相信你的意志力一點都不會比我少，但日復一日，總是會有比較意興闌珊的時候。這時候如果我們還要停下來思考，這個暫停的片刻就很容易讓人分心而失去動力。清出跑道、建立推動行為，就是讓我們把這種阻力降到最低。

我就有個朋友，原來很胖，想養成跑步的習慣。一開始，他規定自己每天都要跑，但每天都那麼累、那麼忙，只要想到還要出門跑步，就先放棄了。

後來，他用「最小行動單位」的觀念，設定了一個再簡單不過的行為，簡單到自己如果做不到，就太對不起自己：每天下班回家後，他只要穿上球鞋、綁好鞋帶，走到家門口，就好了。這總可以辦到吧！

而奇妙的是，他往往穿好鞋，走到門口，就順便走出去了。現在，他已經養成了跑步的習慣，還挑戰了馬拉松！

這叫做「最小可行的付出」（minimum viable effort）。如果你發現自己往往無法完成一個習慣時，可以試著把其中一個步驟拆出來，先試著養成這個最小的行為單位習慣再說。但設定這個行為時，你必須跟自己承諾：無論如何，這每天都要做到！

啟動你的基石習慣

推動行為可以是一個很微不足道的行動，例如前一天晚上倒一杯水。但有些習慣本身充滿了推動的能力，光是養成，就足以造成連環效應，讓更多好習慣更容易養成。這就叫做「基石習慣」（keystone habits）。

規律的運動，就是最好的基石習慣。經常運動能改善心情、提升體力、降低壓力、晚上睡得更好，這些都有助於你完成任何其他計畫。早睡早起也是我非常推薦的基石習慣。睡眠充足時，你會有更多精神和時間、能看到更多日照、可以讓你的心情變好，而且你會發現，中午前已經做了很多事，晚上可以更放鬆。

最近，我看到一段很動人的演說，是美國海軍上將威廉·麥克雷文（William H. McRaven）於2014年在德州大學畢業典禮的致辭。上將給學生的第一個建言，就是「每天早上鋪好自己的床」，原因有三：

一、你一早就已經完成一件該做的事。

二、完成這件小事情會給你一點點成就感，雖然微小，但會讓你更願意好好完成下一件事、再下一件事。

三、整理好床鋪這個行為，提醒你每件小事都很重要。如果連小事做不好，那大事根本免談。

「萬一你有了很糟糕的一天，當你回家時，看到的是一個整齊的床鋪，而且還是你自己收拾好的床鋪，這也會給你帶來一點鼓勵，讓你覺得明天會更好。」上將說：「如果你想要改變世界，從整理你的床鋪開始！」[1]

回到早晨的廁所這個場景。除了刷牙，你還會做什麼？洗臉、擦保養品、男生可能會刮鬍子，這些都屬於一套流程。接著

---

1 https://news.utexas.edu/2014/05/16/mcraven-urges-graduates-to-find-courage-to-change-the-world.

你可能走到廚房，給自己泡杯咖啡，準備早餐。一直到出門，走進辦公室，開始執行第一個工作前，都是由一連串的慣性行為所構成。

根據南加州大學心理教授溫蒂・伍德（Wendy Wood）的統計，平常人一天當中大約有四成的行為，都屬於這種慣性動作鏈，就像是一個個小模組互相串聯在一起。

當我們想培養新習慣的時候，你就應該設想：這個習慣能跟哪個已經習慣在做的事，結合起來。這個概念叫「堆疊習慣」（habit stacking）。

以我自己為例，在當 DJ 時，我必須聽大量的新音樂。我非常享受這個過程，自然就有動力。而當我要開始逼自己常運動時，我就規定自己：只有在運動的時候，才能聽這些新的舞曲。

於是聽音樂這個好玩的事，就跟運動這個新的習慣堆疊在一起，讓我更容易養成這個習慣。後來，我已經養成了運動習慣後，就改變了一下方法，變成規定自己在運動的時候，改聽有聲書。

把一件已經在做、喜歡做，或已經養成習慣的事，加上一件你想要培養的新習慣。用一個習慣，帶另一個習慣。

寫下你的實施意向

並不是每個習慣都很容易堆疊，這時候怎麼辦？沒問題，接下來的這個建議，能夠雙倍增加你養成單獨習慣的可能性。

英國健康心理學期刊曾經發表過一個研究。研究的目的，就是看用什麼方法能夠讓人建立運動的習慣。研究對象被分為三組人：

對第一組人，學者說：「我希望你們在接下來兩週中找時間運動，並且記錄你運動了多久。」

對第二組人，學者說：「我希望你們在接下來兩週中找時間運動。我要給你們看一些資料，讓你們理解運動對健康的各種益處。」

第三組人則跟第二組人獲得了一樣的指令和健康訊息，但學者多加了一件事，要求他們先填寫一個計畫：

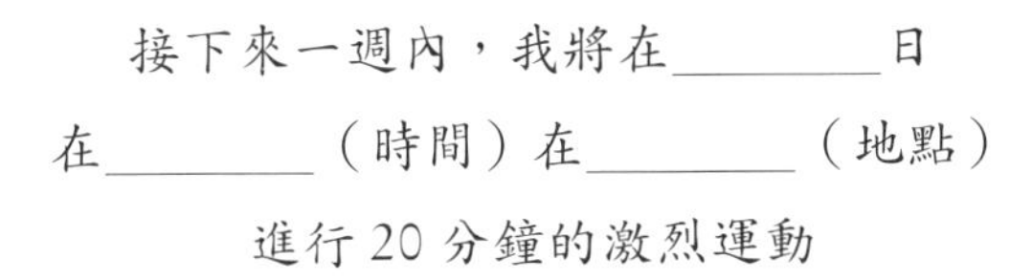
接下來一週內，我將在________日
在________（時間）在________（地點）
進行20分鐘的激烈運動

過了兩週，他們再去追蹤這三組人。第一組有38%的人在過去一週至少運動一次。第二組更低，只有35%的人在過去一週至少運動一次。顯然，讓人知道運動的好處、給與鼓勵，並沒有什麼效果。但第三組就不同了：有91%的人在過去一週至少運動一次！

第三組人成功的關鍵，就是他們事先填寫了那句話。這叫「實施意向」（implementation intention）。許多研究顯示，這麼做會讓我們完成計畫的機率大幅提升。首先是，預先排除了

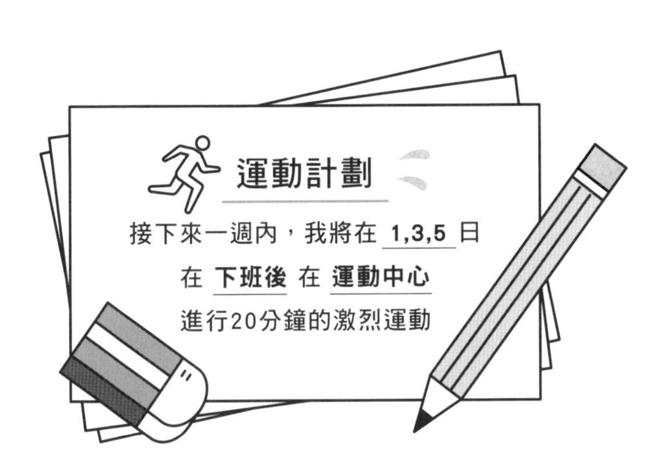

「我沒空」這個藉口。在忙碌的一天中，我們往往會把那些「對自己好，但不急迫或不必要」的事情留到最後，但也往往因此而偷懶不做。預先設定一個實施意向，計劃好在什麼時候、什麼地方要做什麼事情，就好比跟自己約定了一個行程。

既然這個習慣對你來說這麼重要，那就應該預留一個專屬的時間。先把這個行程寫在行事曆中，如果可以約朋友一起，就更不會爽約。每天固定時間做一件對自己好的行為，說不定還能讓你有個換檔、充電的機會。

設定視覺測量的方式

1993 年剛入行時，特倫特（Trent Dyrsmid）是個 23 歲的菜鳥股票銷售員，但在短短 18 個月內，他為公司賺進了 500 萬美金的業績。一年後他獲得了 7 萬 5 千美金的抽成，後來以年薪 20 萬美金被另一家股票公司挖角。

他是怎麼辦到的呢？靠一盒迴紋針。

身為推銷員，他每天必須打很多電話給不同的客戶，因為打給愈多人成功機率愈大。每天開工時，他會在盒子裡放 120 個迴紋針，每打完一通電話，就會移動一個過去另一邊的空盒子。

為什麼這個技巧很棒呢？因為這麼做是看得到、摸得到的。透過互動，讓特倫特感受到累積的效果，而且每次這麼做，都有一種成就感。

即使，你只是用一張白紙或白板在上面做紀錄，都很有幫助，我也是用這個方法教育自己的孩子。我的女兒現在上小學一年級，每天早上必須在 7 點 50 分前到學校。

我家裡牆上有面白板，上面記錄著小孩每天出門上學的時間。但我不是寫數字喔！我是用畫圖表的方法，X 代表日期，Y 代表出門時間，如果早出門，我就用笑臉和藍色筆做記號，如果晚出門，我就用哭臉和紅色筆做記號，再用線把這些點連起來。這樣，一下子就能看到，每天是進步還是退步。當這個方法執行了一週之後，孩子看懂了這條線的意義，就開始會想要進步。而當她連續幾天準時出門時，看到那些連起來的笑臉，自然就變成了一種動力，甚至還會跟我說：「爸比，我們快點出門吧！我還要笑臉！」

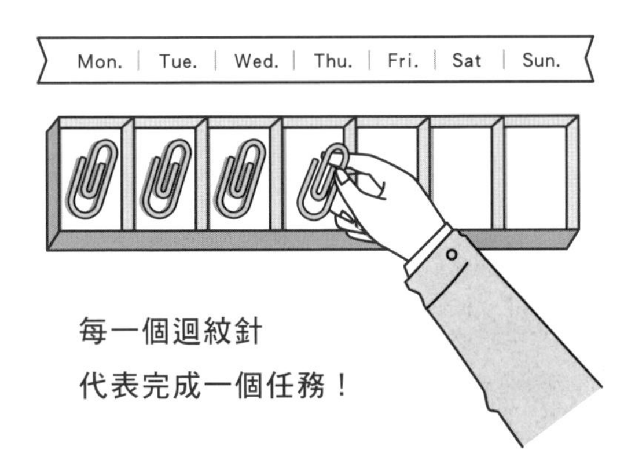

就像那盒迴紋針一樣，用實體的工具來測量自己的進度，是很有效的方法。例如：想要記得每天喝八杯水嗎？那就用八個迴紋針，每次喝一杯，就把一個迴紋針拿出來。或是，你每天得回三十封 e-mail ？那就準備三十個迴紋針。

運用這些道具的時候，請記住幾個重點：

一、要容易使用，隨手就能記錄。

二、最好能讓你看到進步或退步，所以畫圖表，會比單純的數字更好。

三、要放在顯眼的位置，讓你一目瞭然。

當計劃碰上變化

計劃趕不上變化，這已經可稱做是人生定律了。即便你設計了堆疊習慣、寫下實施意向、每天乖乖進行、記錄、測量，總會有「不得不」改變計畫的時候。當好不容易自律的你，被最愛捉弄你的命運大神再度挑戰時，你能撐得住嗎？

我認為很多人，包括以前的我都會栽在這裡，因為我們把自己的計畫二分得非黑即白，於是耗費太多力氣跟自己對抗。對我們來說，今天沒有完成計畫就等於一天的失敗，而培養好習慣需要連續 21 天不中斷，不是嗎？

其實不是。首先，21 天這個數字是個誤解。實際上，我們並不知道每個習慣需要多長時間才能養成，而這方面的學術研究顯示，平均的日數反而比較接近 66 天！

但不要氣餒，因為研究也顯示，偶爾漏掉一、兩天，對於養成習慣並沒有太大的影響，只要隔天再做就行了。而且，也不需要因為漏了一天，所以隔天就做雙倍來補償或懲罰自己。長期看下來，這麼做會讓人壓力更大，反而更可能會放棄。該怎麼做最好呢？我有兩個建議：

首先，你必須「莫忘初衷」。

就像小胖和小苗參加同學會後，發毒誓要減肥健身一樣，當人受到刺激而想要改變的當下，動力和毅力也會是最強的。但隨著時間過去，少了提醒，初衷難免會淡化。當小苗後來接連一週沒去健身房，教練都打電話來關心的時候，其實她最需要的，是那位變正的同學打來罵他！

好啦，不用那麼狠，但你懂我的意思。

「莫忘初衷」很重要，因為這就是你的動力來源，象徵你改變的意願。但如果你要提醒自己莫忘初衷，絕對不要拿毛筆寫下「莫忘初衷」四個字掛在牆上！就如同實施意向，這也是個填空題：

因為我要________（初衷），

所以我要________（行動）。

因為我要出國念書，所以我要每天練習英文會話半小時。
因為我要給家人最好的自己，所以我要每天靜坐十分鐘。
因為我要好身材，所以我要每天去健身房運動一小時！

寫下初衷後，還要加一個步驟，就是寫下「應急方案」：

如果________，那我就________。

應急方案的功能，就是應對生活中必然會有的突發狀況，讓你不需要多花腦筋思考，並降低因為計劃被打亂而產生的內疚。舉例來說，你雖然知道每天下班後都要去運動，但偶爾還是會有公司聚餐、親戚過生日、好朋友聚會等等，那就先跟自己約定。另外，休息也是可以約定的！

如果當晚要應酬，那我就先早起跑步。
如果當天要加班，那我就騎 YouBike 回家。
如果大姨媽來，那我就休息兩天。

每當你覺得自己缺乏動力時，就把這個「莫忘初衷」的句子拿出來念一遍。每當你碰到突發狀況時，就請把「莫忘初衷」加上「應急方案」的句子整個念一遍，然後按照計劃去執行。

念出初衷會提醒自己，當初是為什麼想要改變，喚醒一些能量來對抗當下的軟弱。而念出初衷加上應急方案，能讓你在突發狀況中比較不會心亂，維持控制感，減少與自己妥協的內疚。

眾志成城的力量

改善習慣，也要多多利用朋友。當然最好是能夠雙贏。

根據賓洲大學的研究，有朋友一起加入減重計畫時，往往會一起成功，而且對方減得愈多，自己也會減得愈多！一群同伴聚在一起，也有互相支持的效果。如果你累了、不想繼續了，還會有人在旁邊聽你抱怨、給你鼓勵。

像是美國「匿名戒酒會」（Alcoholics Anonymous）就堅持用「同學會」的方法聚集，來督促、提醒彼此，透過同學間的力量，讓戒酒的艱辛過程變得不那麼孤獨難受。

朋友還能當監察員的角色，幫忙監督、保管你的獎勵。你可以先給自己買一個禮物，放在朋友那裡，說好達成目標時才能給你，如果你沒有達成目標，就送給他，這樣夠有動力了吧！

之前我還在某個網站上看過一個特別狠的方法：先設定好目標和一個捐款金額，並找一位朋友當監察員。當他認定你完成挑戰時，錢可以退還或捐給你支持的公益團體。但如果挑戰失敗，這筆錢就自動捐出去，而且還是給你所反對的團體！[2]

跌倒七次，爬起來八次！

——日文諺語

讓我們回去看看小胖和小苗吧！根據上述的技巧，他們第二次要如何挑戰自我，養成好習慣？

小胖現在理解，光是告訴自己要節食，這個行為太模糊了。於是她先上網研究，以自己的身高體重計算，設定每日進食1,600大卡的目標。分攤在三餐中，她就很清楚知道每一餐能吃多少了。她才赫然發現，一包沙拉醬的熱量竟然比幾片火雞肉還高！

她載了專門計算各種食物熱量的APP，每天記錄飲食，睡前把總熱量畫在一張圖表上，一眼就能看出自己是否維持水平。如果某天跟同事聚餐而吃得比較多，現在的她也不會刻意餓肚子懲罰自己，而是在隔天的三餐減少相對的熱量。她感覺很自在，不會整天沒精神，也不會因為過度飢餓，在深夜怒吃洋芋片了。

小苗呢？她這次去運動用品店，給自己買了幾套運動衣，這樣就不用天天洗，每天先準備好一套直接帶去公司。這樣她下班後也就不用回家，可以直接去健身房，減少了一層障礙。她也請

2 這個網站可以讓你設定各種條件。網站聲稱：有人當監察員，會讓完成計劃的可能性增加2倍，而有金錢押注下，效果則增加3倍。參考連結：stickK.com。

健身房的教練為她設計一張課程表，讓她能按照體能循序漸進。每天去健身房後，她會給自己打卡，記錄當天所做的項目和強度。慢慢的，她開始發現體力變好了，運動強度也逐漸增加了。某天同事邀約唱歌，她直接說：「為了半年後約好在峇里島相見的自己，所以我每天下班都要健身。你們先去，我晚一點再過去找你們！」同事聽了，都對她的毅力表示佩服。

後來小胖適應了新的飲食習慣，每天看到小苗打卡，也加入了健身計劃。半年後，兩個人坐在峇里島的泳池邊，問心無愧的炫耀努力得來的成果：一個健美自信的自己。遠處還不時傳來男士欣賞的眼光，她們舉杯慶祝，習慣養成計畫成功！

讓我們現在來回顧一下，讓習慣能夠更容易養成的要點：

1. 把目標化為最基本的的行動程式
2. 清出跑道，讓行動能順利執行
3. 將習慣模組化，並堆疊起來
4. 預先設定實施意向
5. 用視覺化的方式記錄成效
6. 莫忘初衷，並設計應急方案
7. 找朋友一起來挑戰

工欲善其事，必先利其器。現在你有了幾個可以幫助你建立好習慣的技巧，現在，就動手來設計你的行為養成計畫吧！

請上我的網站 Xuan.tw 直接下載「習慣養成表」，並列印出來。寫好了，簽上你的名字，這份企畫書就正式生效。接下來，就看你的囉！

沿途一定會碰到阻礙、碰到變化，說不定會漏掉一、兩天，微調也是可以的，重點是讓你能夠找到最能夠維持的方式。

我真的很期待，兩、三個月後，也許你某天正在健身房揮汗，或是在整理書架不經意照著鏡子的時候，突然會發現，自己已經不知不覺的改變了，而原本要刻意設計的行為，已經成為生活中自然發生的事，不做反而不對勁。

那時我就要恭喜你，因為你用對了方法，戰勝了自己！

蓋一棟房子，要先從磚頭一塊塊疊起，好習慣也是一樣！
下面這些來自心理學的方法，能幫助你更容易養成各種好習慣

Chapter8

用思考改變大腦

心理學教我如何對抗負面情緒

現代社會充滿了矛盾，我們擁有了更多，卻享受得更少。我們的生活便利，但時間總是不夠用。我們有了即時通訊，卻少了真正面對面的時間。我們似乎沒有什麼理由不開心，但不知道為什麼，卻常常開心不起來。[1]

2006年，對哈佛大學教育史來說是個轉捩點。當年春季學期，最多學生選修的課程不再是獨占榜首多年的「EC50入門經濟學」，而是一名30幾歲的年輕教授塔爾・班夏哈（Tal Ben-Shahar）的課程「PSY1504正向心理學」。

記者問教授，為什麼你的課會那麼受歡迎？

教授回答：「也許學生覺得快樂比賺錢更重要吧！」

這些學生選擇把正向心理學裝入知識行囊，同時反映出千禧世代的心態轉變：愈來愈多年輕人知道，在努力工作的同時，也必須兼顧生活品質和身心靈平衡，才能打造真正的成功人生。

這堂課的導師班夏哈，其實是我當年在哈佛心理系的同學。我們並不熟，但我記得那時的班夏哈非常嚴肅，總是給人一種悶悶不樂的感覺，沒想到多年後的他，竟能開授教人快樂的課程！

果然，在他自己的書裡也提到了，從前的他並不是個快樂

1 有篇我很喜歡的散文，叫〈我們這個時代的矛盾〉（The Paradox of Our Time），之前在網路上廣為流傳，也是我這個開場的啟發。請參考：http://www.snopes.com/politics/soapbox/paradox.asp。

的人，是後來靠著正向心理學與自己的努力才有了轉變。不只他如此，其實我自己何嘗不是也經歷過一段負面的日子呢？

那是 2000 年，我們剛邁入嶄新的 21 世紀，但我的生活卻滯納在一股低潮中。

不久前發生的網路泡沫化讓我投資失利，損失了不少積蓄。自己在研究所也覺得缺乏學習動力，眼看身邊不少同學創業，有成功的、有失敗的，每個都過得無比精采，但我似乎愈鑽進書本，就愈與現實生活脫節。

當年，就是我大學畢業的五週年班級團聚會。我雖然人就在哈佛，卻沒有參加任何學校安排的聚會活動，整天躲在房間裡。我感覺好自卑，覺得自己像個留級生，比不上同班同學耀眼的發展。

隔年那場改變許多人生命的 911 事件，也對我打擊很大。在長時間的低潮下，我決定求助醫生，想起來確實有點諷刺，一個心理學博士生，卻來心理門診尋求幫助。

醫生是位年輕女生，應該大我沒幾歲。我第一次見到她就想：「太好了，她一定能理解我的心境！」於是一股腦的把心事全倒出來。她帶著憐憫的表情聽我說完，結果呢？她直接拿出處方單，給我開了藥：Zoloft 50mg，一日一粒。

Zoloft 是「選擇性 5- 羥色胺再攝取抑製劑」（SSRI）類別的精神藥，用來治療憂鬱症、強迫症，和創傷後壓力症候群。我萬萬沒想到這麼容易就會被開藥，也不覺得我的症狀嚴重到需要吃藥，但好吧，既然有了，就試試看。

吃 Zoloft 有什麼感覺呢？這藥讓我的腦袋彷彿矇了一層紗，我的情緒曲線被拉平，原本不開心的思緒變得不那麼重要，但開心的情緒也被打了折扣。我的情緒起伏沒了，但生活彩度也沒了，我變得麻木，對事情都不太關心。這麼說或許有點嚴重，但要我形容那個感受，真覺得自己靈魂的一部分被抽走了。吃了半年多，生活也沒什麼明顯的改善，後來我就停了藥，決定徹底改變生活，包括搬回台灣，換個環境，重新再來。

當時的我，曾經對心理學非常失望。我心想：心理治療，難道只懂得開藥、叫人吃藥嗎？我離開了學院，回到台灣從事廣告、音樂、廣播、品牌創意等其他行業。在那十來年當中，透過閱讀和網路上的相關資訊，我發現心理學有了很大的改變。正向心理學（positive psychology）的崛起橫掃心理學界，甚至全世界！我又開始回去閱讀大量的心理書籍、研究資料，我發現心理學的確變了，變得更有用、更溫柔，也更強大了。

正向心理學，又名積極心理學，因為有「正向」、「積極」的字眼，很容易讓人覺得就是要教人「正面思考」，但這是個普遍的誤解。正向心理學之父，賓州大學教授馬丁·沙尼文（Martin Seligman）把正向心理學定義為：「用科學方法來研究最優化的人類生活功能。」這並不只是教你如何快樂的學問，更是探索各種讓人優化自己的方法，包括在工作、休閒、思想、健康、運動、人際關係、教育、家庭生活等領域。這個學問包羅萬象，應用性特別高，所以現在連《財星》世界 500 強公司、職業球隊和整個美國軍隊，都使用正向心理學的研究結果來提昇團隊中每個人的效能、韌性和情緒穩定度。

我認為精神處方藥有其必要性，但同時也認為藥物使用太過氾濫，一般民眾太容易取得。如今在美國，至少六位成人中就有一位固定服用精神藥物。濫用精神處方藥致死的人數，已經超過濫用海洛因致死的人數。[2] 更糟的是，許多醫生只要覺得症狀符合標準就會開處方，而且一次開多種藥物，把人當成藥罐子。

精神藥已經不再是有絕對必要才使用的利器，而是第一時間就拿出來的基本配套。打個比方說，假如你今天有健康狀況，而這種狀況只要每天早睡早起就能根治，但醫生只會開給你一堆藥，雖然看似改善症狀，但讓你整天昏昏沉沉的，無法早睡早起，反而加深了問題，結果就必須吃更多藥來對付，你會願意接受這樣的治療嗎？

如果精神藥沒有搭配改變行為的計畫，就很容易產生藥物依賴。如果服藥的人不懂得改變自己，甚至不願意改變自己，那就更容易濫用藥物。也難怪，雖然精神藥的使用每年都在增加，但精神異常的病例一點也沒有下降。藥開得愈多，病人也出現得

2　http://www.rehabs.com/pro-talk-articles/psychiatric-medications-kill-more-americans-than-heroin/。

愈多，怎麼會有這麼奇怪的事？要不是藥有問題，不然就是社會有問題。無論如何，我們一定要找出更好的方法來療癒自己。

正向心理學和神經科學近年來的突破，讓我們對大腦的運作特性有了更深的理解，也讓我們更清楚如何優化自己的思考系統，為自己做正面的改變，更善於應付生活中必然出現的壓力。這些年來，心理學幫助我克服自己的低潮，大幅提升我的EQ，讓我更快能夠從負面情緒中彈回來。但這些改變的最大功臣還是我自己。這不是在炫耀，而是提出一個事實。這就好比有人提供了一本使用手冊，但如何使用，以及是否願意使用，還是要看主人自己的決定。

所以接下來，就讓我用所學所知，以及過去的經驗，提供一些方法給你這顆大腦的主人做為參考吧！

確保你最大的敵人，沒有生活在你的兩隻耳朵之間。

——萊爾德・漢密爾頓（Laird Hamilton）

了解你的負面情緒

首先我們要了解的是：每個人都有負面情緒。小嬰兒會哭、會鬧脾氣，都是負面情緒的本能。負面情緒是有用的，因為能讓我們行動，讓我們避免並對抗那些可能對自己不利的事情。

我們的負面情緒建立在原始的存活意識，但現代人的生活早已經超越了溫飽和安全的需求。我們雖然不用擔心有老虎半夜會來獵殺我們，但讓我們徹夜難眠的，可能是老闆發來的一條簡訊。我們雖然不用擔心一場雨不下，穀物無法收成，全家都會餓死，但面對一場重要的考試或會議，也能像生死關頭一樣令人快要窒息。

身體不會說謊，緊張就是緊張，害怕就是害怕，這些負面情緒的「感覺」是迫切又真實的。但如果我們不願面對、刻意抗拒，或找不出負面情緒的來源時，原本大自然所設計的生存機制，反而很容易變成自我摧毀的荼毒。

為什麼當我們在路上看見車禍時，會心跳變快、瞳孔放大、呼吸急促？這些反應體現了我們的恐懼。但為什麼當我們看到自己最愛的球隊拿下冠軍時，一樣會心跳變快、瞳孔放大、呼吸急促，卻感受到快樂與興奮呢？

我們的大腦會主動解讀不同環境中的身體變化，進一步構成我們的情緒反應。所以當我們要處理負面情緒時，必須同時考慮到「心理」和「生理」兩種因素。

就生理層面來說，不少女性朋友應該都能體會月事前可能會有的情緒起伏吧！嚴重的時候，每個月只要到了那幾天，看什麼事、什麼人都不順眼。奇怪的是，自己明明知道情緒異常，卻又能找出百分之百值得發怒的理由。生氣的原因也不是沒道理，但偏偏碰上那幾天就會顯得特別嚴重，反應也特別激烈。賀爾蒙對情緒的影響之大，甚至能夠改變人的個性，男女皆是。

我們在成長的過程中，學會自己分辨並調適這些生理造成的情緒影響。但小孩子還沒學會這種自覺的能力，所以有時候他們玩著玩著就變得很情緒化，我們家長或許一看就能知道，是因為他們沒睡午覺太累了，但孩子自己絕對不這麼認為，還會一邊哭一邊叫著:「我不累，他搶我玩具！我不累，不想睡！我……」然後就睡著了。

這時，我們不僅能體諒孩子的情緒，還會覺得有點可愛。這就是孩子的天真啊！其實成人有時候也會一樣的「天真」，我們會因為累了、餓了、或身體不適而變得不理智。所以，當我們面對自己和別人情緒化的狀況時，要懂得察覺自己的身體反應，理解自己，更理解別人。先是理解，才能對應。這一章會先談到「抗負的行為」，就純粹針對這個生理層面，把身體當成機器，提供一些能促進好感神經遞質產生的方法。

緊接著「抗負的思想」則討論負面情緒的心理層面。你或許總覺得自己的心情沒有人懂，那是因為真的很難懂，因為沒有人是你，他沒有與你相同的經驗。就算你認為你所經歷的負面情緒，理由充分、絕對值得難過，別人還是有可能完全無法想像。負面情緒的心理層面，絕對是主觀的，也只有你自己才能改變這個觀點。

在我們心底，都有一個評價生活是否如意的標準。我們會觀察現況是不是自己想要的，當欲望與現況相符，我們就會感到滿意。但如果發現自己想要的遠遠落後於現況，或離得愈來愈遠時，負面情緒就產生了。當我們想改變卻覺得無力改變時，就容易感到憂鬱，對想追逐但事與願違的矛盾，感到焦慮不安。當我們陷入低潮時，可能不只是當下心情不好而已，還同時反映出我們如何看待過去和未來，反映出內心的需求與渴望。

那些負面的情緒、憂鬱、焦慮，全都是你生活中的經驗，也是你對事情的解讀。這就是為什麼叫人「不要想太多」是完全沒用的，因為我們必須知道怎麼想才會更好。我們要用「正向介入法」（positive intervention）強化正面觀點，並改變自己對自己說話的方式，而不是單向壓抑負面情緒。在最後「抗負的習慣」裡，則提供幾個保健的練習，讓我們更容易維持正面的心態。

你每生氣一分鐘，就會失去六十秒的快樂。

——愛默生（Ralph Waldo Emerson）

抗負的行為

《阿甘正傳》這部電影裡有句經典台詞：「人生就像一盒巧克力，你永遠不知道拿到的會是哪一種口味。」讓我向阿甘致敬，並修改一下這個比喻：

「人生就像一盒豆腐，好不好吃，看加什麼料。」

豆腐本身沒什麼味道，我們的「豆腐腦」也是一樣。我們對於各種情緒的感受，來自於不同的神經遞質在腦細胞間的運作。這些神經遞質就好比是大腦的「調味料」，多一點、少一點，都會影響我們的情緒體驗。

最有名的好感神經遞質就是血清素（serotonin），能夠和緩情緒、降低焦慮感。我們吃飽的時候，大腦會分泌血清素，帶給我們那飄忽和緩的滿足感。

內啡肽（endorphins）能降低疼痛，帶給我們好感，效果類似嗎啡，不過是純天然無負作用的。

去甲腎上腺素（norepinephrine）給我們帶來刺激、亢奮的感受。也好比是辣椒醬，少量可以提味，但用多了會太刺激。當腦神經間有太多去甲腎上腺素時，也會造成焦慮感。

我們當然不能忽略多巴胺（dopamine）！就好比一杯「巧克力摩卡」，多巴胺讓我們既亢奮又有快感，充滿生命活力。

這些神經遞質都來自於哪裡呢？其實都產自你的身體，更準確的說，這些原料來自於食物，在體內轉換為這些神經遞質，

BODY POSTURE
睪固酮
SUNSHINE
血清素 / 維生素D
COLD BATH
內啡肽
心情天然調味罐
MUSIC
降低皮質醇
EXERCISE
甲腎上腺素 / 多巴胺

例如蛋和起司中的色氨酸（tryptophan）是血清素原料，深海魚油中的 Omega-3 也有助於形成神經細胞間的髓鞘（myelin sheath）。但基本上，只要你平常營養均衡，該有的原料都不會太少，最重要的還是靠自己的行動，來激發身體產生改變。

以下我將介紹幾種行為，都是經研究證明，能促進更多好情緒神經遞質產生的方法，每種我自己也都很常用。

第一種是我認為最有長效的方法，就是運動。

適量的運動，能夠讓身體產生各種良好的神經遞質。只要 20 分鐘的有氧運動，就足以造成大腦內分泌改變。而高強度、短時間的間歇訓練，更能促進去甲腎上腺素和多巴胺的分泌。最新的研究也發現，大腦運動時還會分泌一種簡稱 BDNF 的腦源性神經營養因子，能夠修復壓力所造成的腦細胞傷害。

但運動多久才是「最有效」的呢？這必須看個人健康狀況。基本上，維持 20 到 30 分鐘心跳加速、身體能夠排汗，就已經會有效果了。如果你能挑戰更高強度的 HIIT，或運動 30 分鐘以上，那種感覺自然會更強烈，說不定還能達到傳說中「跑者的亢奮」。但也請注意，研究顯示運動對身體益處的上限每日為 90 分鐘，超過的話就效果飽和，甚至會開始遞減。所以挑戰自己，也是要適量的。

請先給自己三週，每天做 20 到 30 分鐘的輕度運動，持之以恆，保證對你的心情有非常大的幫助。

第二種方法隨時隨地都能做，就是改變身體的姿勢！

當你遇到不好的事情，陷入緊張、恐慌的狀態時，請先鎮定，深呼吸，讓自己坐正一點，挺起身子，抬起頭來。想像自己是顆大海星，像伸懶腰似的把四肢和身軀伸展開來，同時打個大呵欠。當你如此開始改變姿勢時，短短兩分鐘內，血液的睪固酮含量就會上升，給你更多控制感和力量。打呵欠很奇妙的會讓皮質醇下降，減輕壓力的感受。

這是一個經多年研究證實的奇妙現象，叫做「體現認知」（embodied cognition）。哈佛商學院教授艾美・柯蒂（Amy Cuddy）在她經典的 TED 演講中就這麼建議：「假裝，然後終將成真。」意思就是擺出你想要展現的自信體態，然後你就會逐漸成為這個展現的自己。所以，如果今天你一起床，就發現精神不好，那就請為自己特別選一件神采煥發的衣服，盡量昂首闊步，走出門假裝精神很好，往往精神就會跟著來了！

第三種天然心情調味法，就是晒太陽。

日照除了能讓身體製造維他命 D，同時也會讓血清素含量提升。好一個度假的藉口，不是嗎？

在緯度高的地區，例如冰島、挪威、阿拉斯加等地，冬天會有比較多人罹患憂鬱症，但到了夏天，許多人的憂鬱症都會不藥而癒。科學家認為，這是因為冬天的日照時間變得很短，尤其在極圈那裡，冬天幾乎看不到什麼太陽，人也容易變得憂鬱，再加上外面那麼冷，宅在家裡大概悶壞了。這種狀況就叫「季節性情緒失調」（Seasonal Affective Disorder），也剛好就是悲傷的縮寫SAD。

我以前住在波士頓的時候，也曾經有過這個問題，每到冬天就悶悶不樂。這時我往往會早起一點，讓自己盡量接觸到日照，或是去照日光光譜的強光。北歐就有很多人家裡有一種全光譜大燈，亮度高達一萬流明，和晒黑床的特殊日光燈類似。臨床實驗發現用這種光線治療，對於季節性情緒失調，效果比吃抗憂鬱的藥還好，而且無副作用。

最天然的方法，就是當你早上起床後先打開窗簾，讓暖暖的陽光充分照射室內，如果家裡採光不好，就在起床後先出去外面散步半小時。因為血清素在早上的分泌比較多，所以選在早晨照射陽光，效果特別好。

第四種方法稍有爭議，也較少人嘗試，但我個人覺得很有效，那就是用冷水淋浴。

沖洗冷水對情緒有顯著的改善效果，幾種可能的原因是：一來，冷水刺激交感神經系統，促進內啡肽分泌。二來，皮膚表面的微血管收縮，會使核心，包括腦部，獲得更多血液灌溉。還有一種說法，是末梢神經的刺激造成神經中樞的亢奮反應。總而言之，目前醫學研究對於冷水澡和抗憂鬱的療效，給與高度肯定。許多職業運動員，像籃球明星科比（Kobe Bryant）和足球金童C羅（Cristiano Ronaldo），還會花大錢坐進一種液態氮氣冷卻的機器，把自己放在零下一百多度的極冷空氣中，據說兩到三分鐘就能加速修復肌肉，而且對心情有很大的振奮效果，這種「冷療法」（cryotherapy）還成為歐美上流社會的時尚減壓方法。

如果你有心血管疾病，不適合過度刺激，那請千萬不要逞能，我也絕對不建議你跳進零下一百多度的機器裡。以我常用的方法為例，那就是先用正常的水溫淋浴，然後慢慢把水溫降到二十度左右，用這樣的水溫沖洗兩分鐘差不多就夠了。尤其到了夏天，早上運動完沖個冷水澡，絕對精神抖擻，效果勝過一杯黑咖啡！

第五種方法，也是我個人非常熱愛的，就是聽音樂。

科學家發現，當人在聽音樂的時候，腦部會特別活躍，幾乎整個大腦都會用到，而且還是左右腦併用。聽音樂是最能夠快速改變心情的方法，可以降低血壓、增進記憶，還可以降低皮質醇含量。

有一個練習，你馬上就可以嘗試：找一首你喜歡的曲子，可以是一首歌，也可以是純音樂，但一定要是你喜歡的，而且聽了不是亢奮，而是感到平靜。找個安靜的地方，確定自己不會被打擾，把燈稍微調暗，戴上耳機，把整首曲子聽完。

在聽的過程中，請閉上你的眼睛，不要看螢幕，讓你的耳朵成為最主要的感官，細細聽歌曲裡面的每一個聲音細節，讓自己完全進入音樂中。歌曲結束後，請繼續戴著耳機，但不要讓下一首歌曲直接播放。請你只是靜靜坐著，保持平穩的呼吸，享受歌曲結束後的寧靜。

這個經驗，在我們日常生活中，實在太少發生了，因為我們平常聽音樂的方式往往都是一首接著一首，沒有停頓，甚至很少讓一首曲子播完，無法讓音符在結束後，尾音慢慢繚繞在腦海中。這個時候，你可能會感受到心底浮現一些複雜的感受。可能會是安詳寧靜，這樣很好；但也可能會是突然的焦慮，不用擔心，這是一種反應效果，像是排毒一樣。學習用曲子結束後的一分鐘時間，找到呼吸的節奏，找到平靜。你會發現，這會帶給你很大的正能量。

以上五種抗負行為都不難，甚至很簡單，唯一難的就是讓這些行為變成生活習慣，變成基礎保健原則。想想，身邊有多少人總會說：「我知道啦！」但偏偏就是不願意行動？我們要盡量避免那些效果快速，但其實是合成的菸酒與藥物。當我們使用太多合成的東西時，身體中原本的神經遞質就會減少。這就像是經常外食的人會容易變得重口味一樣，習慣了過度的調味，反而對食物原本的美味失去了感覺。

所以請記住：吃豆腐，天然 A 尚好！

抗負的思想

你一定曾經聽過，當麥克風太靠近擴音系統的音箱，那種突然發出的尖銳刺耳噪音吧？這就叫噪音迴路（feedback），原理是這樣的：麥克風收進來的聲音被擴音系統放大，透過音箱再放出來，然後再收進麥克風，又再經過擴大，音量很快就會呈指數型上升。這時候如果不趕快把麥克風拿開，那個尖銳的噪音可能會使整個音響系統受損。

這種噪音迴路，就好比內心的焦慮。

你有沒有發現，當自己緊張的時候，愈告訴自己不要緊張，反而愈緊張？愈用力抗拒愈是無法抗拒，壓下去又彈回來，你的腦海裡只剩下負面聲音不斷循環，情緒頻臨失控。

這時候，請記住噪音迴路的比喻：你得先把麥克風拿開！

拿開麥克風的意思，就是要讓自己分心。深呼吸，做伸展，從十慢慢數到一，每次數數字，想像自己把數字寫在一個黑板上，寫完一個數字就擦掉，再寫下一個。或者，你可以做心算：999 乘 168 是多少？不能用計算機喔！當大腦忙著算數學的時候，也比較沒空去思考煩惱。

拿開麥克風，用行為降低壓力後，你就要改變那個負面的聲音。回想一下，當我們陷入負面情緒時，腦子裡是不是總有個聲音在責罵自己？「你這個傻瓜！你怎麼這麼笨！」你叫他閉嘴，但他絕不輕易放棄，還會罵得更凶：「你一無是處！你一生都是個失敗者！」

這個腦海裡的負面聲音，是誰的聲音呢？

仔細聽一下，這個語氣、這個聲音，是否像是童年曾經聽過的某人聲音呢？而聲音背後的主人，說不定早已離開你的生活，甚至離開這個世界，但因為他曾經在很久以前用語言暴力打擊了你，造成心理的傷痛，使他成為了伴隨你一輩子的負面配音員。

你可以試著換掉配音員：想像一個生命中最仁慈、最溫暖的人，一個最疼愛你、最無條件接受你的人。很多人會想起自己的祖母，或某一位恩師、某一位知心好友。

想像你和最喜歡的這個人處在同一個空間裡，他對你溫暖的微笑。你可以向他訴苦，說出你心裡的委屈。想像這個人溫暖的聲音安慰著你，他說：「你是好的，你的心是善良的，你的個性是堅強的，你已經盡力了，這不是你的錯。」

你也許會想哭，沒事的，請放心哭出來，這就是負能量的釋放。釋放出來，不要迴繞在心裡，你才可以痊癒。

這種「自我疼惜」（self-compassion）是很重要的療癒技巧。這不是逃避現實，而是在調整你大腦的負面系統，透過想像力把自己置身在一個安全的地方，把原本刻薄批評的負面聲音，換成仁慈、溫暖，包容你的聲音。根據心理學家克莉絲汀・聶夫（Kristin Neff）的研究，當人們面對挫折、不安、痛苦時，用仁慈的態度取代批判，這種自我疼惜的溝通方式對身心狀態都會有良好的改變。

心理學家伊桑・克羅斯（Ethan Kross）的研究更是進一步發現，選擇用第一、第二或第三人稱與自己說話，都會影響我們的心情。用第一人稱，例如：「我一定要克服這個挑戰！」這時候，人會比較容易情緒化；而用第二人稱加上自己的名字，例如：「劉軒，你一定要克服這個挑戰！」反而能夠讓內心的自我與情緒保持距離感，進而幫助冷靜思考。[3]

我們常常用第一人稱跟自己講著悲慘故事，但如果你能轉換這個自我對話的聲音來源，還有稱呼自己的方法，許多感覺也會跟著變得不一樣。多使用自己的名字，把自己化身為一個寬容、有力量的教練，用你最愛的聲音對自己說：

「劉軒，你可以做到的！你可以堅持下去的，軒！」（記得換用自己的名字）讓這個聲音安慰你，同時給你力量。

---

3 https://www.psychologytoday.com/articles/201505/the-voice-reason.

小心你對自己所說的話，因你正在傾聽。

——麗莎．海斯（Lisa M. Hayes）

如果造成你焦慮的原因，是因為在生活中徘徊，拿不定主意的話，我會給你另外一個建議，也就是記住「登山原則」：當你在深山裡，天色開始變黑時，你不能猶豫，也不能亂衝，必須一邊想辦法、一邊移動，因為天色並不會停下來等你。

面對生活中的問題也是一樣。你也必須一邊想、一邊動，才會有新的領悟，如果你一直不做決定，那大腦只能一直在假想間空轉，那是很費神的。往往人的焦慮，就是因為糾結在行動與不行動的徘迴中。

有人曾經統計過，當人們回顧之前曾經擔憂過的事情，平均有 85% 的後果是「中立」或「正面」的，也就是說當我們擔心時，後果八成不會那麼壞。所以，如果你現在花太多心思在擔憂或猶豫不決，基本上是不符合時間效應的！你很可能會發現，一旦開始動起來，不但焦慮減少了，而且活力也來了。這時候，生命自然就會為你找到出路。

你不需要更多時間，你只需要做決定！

——賽斯．高汀（Seth Godin）

抗負的習慣

著名建築師和設計學者克里斯多福·亞歷山大（Christopher Wolfgang Alexander）在他的著作《A Pattern Language》中，提出一個設計問題：假如你今天要規劃一個新校園，而校園裡有許多棟樓，如何設計人行步道會是個很複雜的問題。鋪了太多走道，學校就少了綠意；鋪得太少，會讓上下課的師生不方便。這時該怎麼辦？

亞歷山大教授提供了一個很高明的方法：不妨先鋪上草地，讓師生自由行走。過了一段日子，再根據行人留在草地上的行走路徑，來規劃哪裡需要人行道。這樣的設計最省力，也最符合實際的使用狀況，因為是使用者的行為決定了最後的設計。

我們的大腦，也是用同樣的方法在設計自己。小孩兩歲的時候，腦細胞間有高達一百兆個連結，但成年人的腦細胞連結則少了一半。這是因為我們會淘汰不需要的連結，同時強化較常使用的連結，讓思考反應變得更有效率。

透過學習經驗，慣性思考強化了相關的連結，長期下確實能夠塑形我們的大腦。換句話來說，我們的思想軟體，能夠改變我們的思想硬體，這個特質就叫「神經可塑性」（neuroplasticity）。即使過了發育期，大腦還是能夠被環境與後天學習影響而產生改變，例如有些受到腦損傷的個案，透過後續的學習，竟然可以產生替代性的修復，挪用大腦其他部位來支援原本的功能。最新的研究也發現，連老年人的大腦也能維持可塑性。

想要改變自己，永遠不會太晚，年齡不應該是你的藉口！

今天，你可以用抗負行動獲得情緒的改善，也可以善用抗負心法來跳出負面迴路，但如果你真的想要獲得持久性的改善，那就要培養一些好習慣。

靜坐冥想

靜坐冥想（mindful meditation）除了能減輕壓力並緩解輕度憂鬱，促進情緒健康並改善睡眠品質，還能培養更高的專注與自覺力。這個原本帶有宗教意味的靈修練習，現在直接被帶進高科技時代。

美國麻省醫院讓一群人每天靜坐 27 分鐘、持續八週後進行腦部掃描，發現這些人的大腦有了明顯的改變，主管記憶力的海馬迴（hippocampus）密度增加，而主導負面情緒的杏仁核（amygdala）密度則是減少。耶魯大學的研究發現靜坐能讓大腦胡思亂想的迴路訊號減弱。約翰．霍普金斯大學的研究則把靜坐冥想對於抗憂鬱和焦慮的效果大小定為 0.3。這聽起來似乎沒有很高，但其實抗憂鬱的精神藥物頂多也是只有 0.3 的效果而已！

靜坐冥想不難學習，最難的就是每天給自己時間練習。以下是一個適合初學者的基本介紹：

1. 你可以坐著或躺著，舒服就好，不需要盤腿。
2. 閉上眼睛，全身放鬆，維持自然呼吸。
3. 把注意力集中在呼吸，以及身體每次吸氣與呼氣的感受。觀察你呼吸時全身的每個部位如何運作，包括你的胸部、肩膀、肋骨和腹部。
4. 你只需要把注意力集中在呼吸上，不必刻意控制速度或強度。如果發現自己分心了，讓焦點再回到呼吸即可。
5. 一開始維持 2 到 3 分鐘，再逐漸嘗試更長的時間。

有不少 APP 可以讓你在手機上就進行這種練習。在我的網站 Xuan.tw 也有提供一些推薦的選擇。

每一個自覺的呼吸，都是一次冥想。

——艾克哈特·托勒（Eckhart Tolle）

感恩日記

另一個我很推薦的習慣，就是寫感恩日記。

1. 買個小筆記本，放在床邊。
2. 睡覺前，回想今天有什麼順利的事或意外的驚喜？有什麼讓你感謝的人、事、物？無論多瑣碎或多抽象，只要覺得值得感恩就寫下來，簡單紀錄就好，這是給你自己看的。
3. 祝你好眠。

研究發現，光是連續這麼做個一週，人就會開始覺得情緒改善，憂鬱感減輕，而且效果能夠維持半年以上。在所有經過測試的自我治療法中，這個最簡單的方法也是最有效的！[4]

---

4 Seligman, M.; Steen, T.A.; Park, N. and Peterson, C. (2005). "Positive psychology progress: Empirical validation of interventions," *American Psychologist*, 60: 410-421.

雖然學者還不了解為什麼這個練習效果會這麼好，但就是莫名其妙的好。我的假設是：因為我們的大腦善於記住負面經驗，較不善於記住正面經驗，所以透過回想當天的好事，啟動了正面的記憶，久而久之也就加深了那些比較正面思考的連結，讓我們更容易注意到生活中的美好，心情變得更容易好起來。

於是，在 2017 年 1 月 1 日，我決定做個小實驗：每天在 FB 社群版面上分享一篇感恩圖文，並自我挑戰持續一百天，徹底養成習慣，同時也邀請網友自由參加，沒有什麼獎勵，單純就是為了自己。

一百天說長不長，說短不短，不到一年的 1/3，卻足以感受到季節的變化。我從冬天走到春天，從毛衣穿到 T 恤，每天都沒有中斷。很奇妙的，如同《阿甘正傳》裡的阿甘慢跑一樣，有愈來愈多朋友跟著跑了起來，加入了這個挑戰。如今，你只要以「# 一百天感恩計畫」這個主題標籤搜尋，就能找到許許多多筆來自世界各地的紀錄，而且不少朋友還在陸續進行中。

一百天後，現在的我跟 1 月 1 日相比，有更快樂嗎？

我必須老實的跟你說：「似乎沒有太明顯的差別。」

但這不代表感恩日記沒用，而是效果被內化了！尤其在那些你我都會遇見、異常不順的日子裡，哪怕什麼水星逆行、流年不利，整天做什麼事都不順，心中滿是怨言，到了睡前，寫完當天的感恩圖文並上傳後，竟然都會得到一種紓解。感恩日記，成為了許多糟透的一天中最好的回馬槍。

我個人的體會是：感恩不是仙丹，反而比較像是柏油，鋪平了生活的坑洞，也因此讓路走得更順暢。

有位讀者私下跟我透露，就在 60 幾天時，她遭受了一個很大的打擊，頓時覺得人生灰暗無光。但她心想：都已經完成 2/3 了，最起碼要做完一百天的挑戰吧！而因為堅決不讓日記中斷，硬是每天尋找值得感恩的事物，竟然讓她很快走出了低潮，連自己都覺得不可思議，所以特別寫信感謝我。而她的感謝，也成為了我當晚的感謝之一。

另外一位網友如此形容自己的內心改變：「其實每天都會有負面不快樂的事，但我開始會用不同的角度來看待。從來都是我們自己讓自己不快樂，但若願意誠實面對自己，會發現自己要為自己的情緒負責。感謝我自己堅持並願意改變，我做到了！」

這是最大的感動！我們每個人，都要為自己的情緒負責。但最終，我們就是幫助自己最大的動力！快樂的道理，沒有什麼深奧之處，但可以從培養習慣做起。透過一個看起來沒什麼的小習慣，我們能夠開始扭轉一些根深柢固的負面態度。

感恩不僅是最偉大的美德，更是所有美德的根本。

——西塞羅（Marcus Tullius Cicero）

有人曾問我長大想做什麼，我寫下「快樂」，
他們說我不懂問題，我說他們不懂人生。
——約翰．藍儂（John Lennon）

許多朋友會問我：「我不快樂，但不知道為什麼，我是不是生病了？」或是跟我說：「我為什麼那麼容易覺得不幸福？」人都是如此的，雖然難免會責怪自己，但我從人們身上一再看到的，還是我們驚人的毅力，與走出負面的能力。

別忘了，當下的感覺一定會過去，對於未來，你永遠都有讓自己快樂的選擇權。下次當你覺得自己被負面能量包圍時，先深呼吸，做些伸展，出去散散步，做些運動。回到家後洗個澡（試試看用冷水），打通電話給你的好友，換上你最有精神、最體面的衣服，和他相約一間你喜歡的餐廳或咖啡廳聊聊天。

出門的路上，你可以用通車的時間，想像小時候最疼你的人，如果他知道你正在為這件事苦惱，一定會幫你打氣，做一桌你最喜歡的菜餵飽你，跟你說：「大家還是一樣愛你的！」

在車子到達與朋友相約的地方前，你可以輕輕閉上眼睛，靜坐獨處一會兒。見到朋友後，先別急著抱怨，轉換一下心情和他說：「謝謝你願意臨時陪我出來聊天！」「聽到你的聲音，讓我覺得很開心、很溫暖。」然後，你們一起打開菜單，點一道喜歡吃的菜，用美食、佳言和友情，讓你生活裡的苦，變成回甘。

不要怕找人幫助，不要覺得不好意思，如果朋友幫不了，還有專業的心理輔導師。世界上有千萬種「抗負」的妙招，我今天教你的技巧，是基本的情緒保健操，希望你學起來，放進你的「心情工具箱」，經常使用，愈用效果就愈好。

最後，請記住這個事實：

你的思考，不等於你的大腦。

但你的思考，可以改變你的大腦。

負面情緒建立在原始的存活意識，但在現代生活成為了我們的假想敵
想對抗負面情緒，要先正視負面情緒，並且從生理和心理雙管齊下！

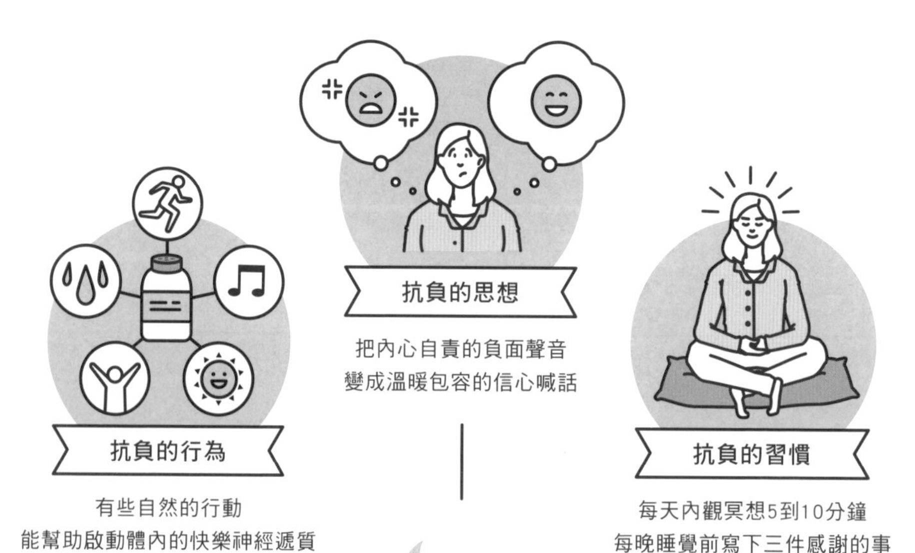

後記

心理學者將「後悔」歸類為兩種：包括對於「做了某件事的後悔」，以及對於「沒做某件事的後悔」。

總結許多個人訪談後，學者發現，對於短時間的回顧，例如過去一週，人們對於「做了某件事的後悔」稍微勝過「沒做某件事的後悔」，比例為 53：47。

但是當人們回顧過去五年、十年、甚至半輩子的時候，那些「沒做某件事的後悔」卻遠遠勝過「做了某件事的後悔」，比例為 84：16。

換句話說，長期看下來，我們「八成」會比較後悔自己沒做過的事情。

不要等到暴風雨來的時候，才想展翅高飛。提醒自己：有夢想，就去追吧！一切都是要從踏出的第一步開始。維持你的自我效能感，努力發掘自己的長處，勇於學習，把自己當成一個實驗，以科學的研究精神優化自己的生活，並用成長心態，勇敢挑戰現況。

就像《湯姆歷險記》作者，美國大文豪馬克·吐溫所說的：

挑戰，讓生活有意思；

克服挑戰，讓生活有意義。

除了這一生，我們沒有別的時間，既然如此，那更是需要自我挑戰。踏出舒適圈、邁向未來的星空，擁抱人生的各種精采，因為數據顯示：你八成不會後悔的！

感恩筆記

這本書誕生於《Get Lucky！助你好運》續作的宣傳期。當初我拍了一系列的「三分鐘心理學講堂」，這些短片被對岸的朋友看到，介紹給當時剛成立的「十點課堂」微信公眾號，就此讓我踏入了「知識教育媒體」的新領域。我在十點課堂的系列課程《教你巧用心理學，過更有效率的人生》後來成為該平台銷售成績最好的課程，也再次證實我當初寫《助你好運》的理念：讀者不只要勵志，而是要方法。心理學研究可以生活化，讓每個人都能應用。這系列的課程，也就成為了這本書的基底。

感謝北京的于海寶先生促成了「十點課堂」的合作，並提供專業的策劃；感謝十點讀書會／十點課堂創辦人林少與所有「以質勝量」的新媒體夥伴；感謝陪我一路走來，一邊摸索、一邊學習、一邊衝刺的台灣團隊：製作人藍鈞儀、最認真的文字協力蔣亞妮、天下文化行銷企劃總監謝富晟、責任編輯楊逸竹，和幕前幕後眾多合作夥伴，你們的努力讓這本書成真。

此外，我也要特別感謝所有支持我的線上線下朋友、大老遠跑來聽我演講的讀者（現在有直播就方便多了，但還是很高興見到你們）、與我一起完成「# 一百天感恩日記」和

「#lucky7challenge」的「共享積極社團」，以及那些一路走來與我並肩成長的老友。

感謝我的父母、我太太和千川二寶。你們的愛，就是我最大的力量。

感謝上天，交付我一個有意義的使命。

願世界更理性、更靈性、更善良。

劉軒

2017年6月於台北

工作生活 BWL051

心理學如何幫助了我

享受美好人生的八堂生活課

國家圖書館出版品預行編目(CIP)資料

心理學如何幫助了我：享受美好人生的八堂生活課 / 劉軒著. -- 第一版. -- 臺北市：遠見天下文化, 2017.06
面；　公分. -- (工作生活；BWL051)
ISBN 978-986-479-253-5(平裝)

1.生活指導

177.2　　106009839

作　者 — 劉軒
文字協力 — 蔣亞妮
內頁插畫 — 吳培弘
心理學顧問 — 麥志綱

事業群發行人／CEO／總編輯 — 王力行
資深副總編輯 — 吳佩穎
責任編輯 — 楊逸竹
美術設計 — 謝湘菱

出版者 — 遠見天下文化出版股份有限公司
創辦人 — 高希均、王力行
遠見・天下文化・事業群董事長 — 高希均
事業群發行人／CEO — 王力行
出版事業部副社長／總經理 — 林天來
版權部協理 — 張紫蘭
法律顧問 — 理律法律事務所陳長文律師
著作權顧問 — 魏啟翔律師
社址 — 台北市 104 松江路 93 巷 1 號

讀者服務專線 —（02）2662-0012
傳　真 —（02）2662-0007；2662-0009
電子信箱 — cwpc@cwgv.com.tw
直接郵撥帳號 — 1326703-6 號　遠見天下文化出版股份有限公司

電腦排版 — 立全電腦印前排版有限公司
製版廠 — 中原造像股份有限公司
印刷廠 — 中原造像股份有限公司
裝訂廠 — 中原造像股份有限公司
登記證 — 局版台業字第 2517 號
總經銷 — 大和書報圖書股份有限公司　電話 —（02）8990-2588
出版日期 — 2017 年 6 月 23 日第一版第一次印行
2017 年 7 月 7 日第一版第三次印行

定價 — NT350元
ISBN — 978-986-479-253-5
書號 — BWL051
天下文化書坊 — bookzone.cwgv.com.tw